DER GOLFSCHWUNG

DER GOLFSCHWUNG

von

BEN HOGAN
und
Herbert Warren Wind

Zeichnungen
von
Anthony Ravielli

van Eck Verlag

Die erste Ausgabe erschien 1958 im Münstertor-Verlag
Dr. Bernhard von Limburger, Stuttgart.
Die amerikanische Originalausgabe erschien 1957 unter
dem Titel «Five lessons – The modern fundamentals of golf»
im Verlag A.S. Barnes & Company, New York.

Bibliografische Information Der Deutschen Bibliothek
Die Deutsche Nationalbibliografie ist über den
Katalog der Deutschen Nationalbibliothek unter
http://dnb.dnb.de kostenfrei zugänglich

Übersetzung von Dr. Bernhard von Limburger

12. Auflage

www.vaneckverlag.li
Gestaltung und Satz: Herbert Hofer
Druck und Bindung: CPI books GmbH
Printed in Germany
ISBN 978-3-905501-51-3

Inhalt

Vorwort

Der Wunsch, besser Golf zu spielen, ist in den Vereinigten Staaten zur Manie geworden. Kein Golfer ist so dickköpfig, so eingebildet oder so spielstark, daß er nicht ständig seine Runden zu bessern suchte. Er gibt es oft nicht zu und behauptet, seine Mittelmäßigkeit genüge ihm. („Ich gehe in den Neunzigen herum und unterhalte mich dabei bestens. Mehr brauche ich nicht.").

Der gute Mann flunkert – und weiß es. Sein sehnlichster Wunsch ist, die 90 zu brechen. Wenn ihm das gelingt, wird er ebenso händeringend die 80 zu unterbieten suchen. Geht er schließlich regelmäßig in den hohen Siebzigen herum, hat er nur noch den einen Wunsch, die Runde in Par oder besser zu schaffen. Erst vor einigen Tagen spielte ich mit einem berühmten Golflehrer. Er ist vielfacher Meister und ein Mann von sehr ausgeglichenem Temperament. Auf unserer Runde probierte er einen Satz neuer Holzschläger aus und war dabei glücklich und ausgelassen wie ein Schuljunge. Warum wohl?, fragte ich mich im Widerschein seiner ansteckenden Begeisterung. Da ging mir ein Licht auf: er war davon überzeugt, daß diese Schläger sein Spiel verbessern würden.

Der Golfer ist ein wahrhaft geduldiger Werber. Er macht einer Geliebten den Hof, die ebenso bezaubernd wie wankelmütig ist. Sie lockt ihn mit kleinen Versprechungen, und schon hofft er, sie bald zu erringen. Da – stößt sie ihn zurück, demütigt ihn (natürlich vor seinen Freunden) und überläßt ihn seiner Verzweiflung. Manchmal geht sein Kummer in Wut über: er wirft seine Schläger in den Teich und schenkt dem Caddie ein Dutzend neue Bälle. Für ihn hat sich die Sache erledigt. Ein für allemal. Endgültig.

Natürlich kehrt er reumütig zurück. Und da geschieht plötzlich das Wunder: er, der in seiner Verzweiflung nichts richtig machen konnte, kann plötzlich nichts falsch machen. Er fischt die Schläger wieder aus dem Teich und kauft die Bälle von dem Caddie zurück. Jetzt, fühlt er, hat er das Geheimnis endgültig entdeckt.

Die Verführerin treibt ihn weiter. Er wird wieder eingebildet und hochnäsig. Ihm ist jetzt alles restlos klar. Er wird sie alle austreiben, jede Annäherung wird tot am Loch einfallen und Putten – ein Kinderspiel. Er ist so glücklich, er könnte die ganze Welt umarmen – besonders die drei in seinem Vierer. Er möchte alle an seinen neu entdeckten Geheimnissen teilhaben lassen. Er teilt nach allen Seiten Ratschläge aus. Er ist die verkörperte Großmut. Er ist – in einem Wort – unerträglich.

Aber die Verführerin hat ihn nicht vergessen. In dem Augenblick, da sein Selbstvertrauen am festesten, seine Lebensfreude am größten ist – schlägt sie zu. Er schneidet seinen Ball ins Rauhe; er arbeitet sich mühsam auf die Bahn zurück und toppt in den nächsterreichbaren Bunker; und wenn er je aufs Grün kommt, nimmt er vier Putts. Gar bald ist er wieder klein und häßlich. Und ganz demütig.

Demut – das ist der springende Punkt. Der Mensch hat nichts erfunden, was demütigender wäre als Golf. Vielleicht ist es allein aus diesem Grund der größte aller Sports. Niemand, sei er Golflehrer, Meister oder Präsident der Vereinigten Staaten, kann je sagen: „Ich kenne das Geheimnis, ich habe die schöne Hexe besiegt."

Auf meinem Schreibtisch liegt ein Pressetelegramm. Danach soll Ben Hogan am Vorabend einer Meisterschaft gesagt haben: „Ich versuche wieder in Form zu kommen. Mir fehlt es im Augenblick einfach an Wettspielhärte. Ich habe den Ball nie im Leben besser getroffen, aber ich kann die guten Schläge nicht zu guten Runden verbinden." Also auch Ben Hogan!

Doch wenn je einer das Geheimnis guten, ja großen Golfs entdeckt hat, dann ist es Ben Hogan. Er hat dem Spiel sein Leben gewidmet. Er hat es studiert wie kaum ein anderer. Er hat aber auch Mittel und Wege gefunden, seine Erkenntnisse anderen mitzuteilen. Das alles entbindet ihn natürlich nicht von der Notwendigkeit, ständig zu üben – wie auch ein Heifetz seine Geige zwischen den Konzerten nicht vernachlässigen wird.

Es war der Zeitschrift „Sports Illustrated" vergönnt, ein breites Publikum mit des Meisters reichem Wissen bekannt zu machen. Sie bildete dazu eine Mannschaft aus Hogan, Herbert Warren Wind, dem besten Golfjournalisten des Landes, und dem Künstler Anthony Ravielli, der die große Gabe besitzt, auch eine schnelle Bewegung zeichnerisch festzuhalten.

In Gemeinschaftsarbeit haben die drei – Hogan, Wind und Ravielli – ein Buch verfaßt, das klassisch werden dürfte. Es muß einem jeden Golfer helfen, der sich ernsthaft damit auseinandersetzt. Mit dieser Ansicht stehe ich nicht allein: Tausende von Golfern, die Text und Bilder seinerzeit in „Sports Illustrated" studierten, haben unaufgefordert und begeistert ihre Zustimmung ausgedrückt. Das Rezept von Hogan-Wind-Ravielli wirkt. Es hat sogar bei einem oft gedemütigten und dennoch optimistischen Schriftleiter nicht versagt – nämlich bei mir.

Sidney L. James

Hauptschriftleiter von
„Sports Illustrated"

Die Grundlagen

Es ist nun fünfundzwanzig Jahre her, daß ich, ein Bürschchen von neunzehn Jahren, Golflehrer wurde. Wenn ich eines der modernen „Elektronengehirne" mit den entsprechenden Unterlagen fütterte, würde es im Handumdrehen feststellen, wieviel hunderttausend Schläge auf Übungsrunden und wieviel tausend in Wettspielen ich seither gemacht und wie oft ich völlig grundlos drei Putts genommen habe. Wie die meisten Berufsspieler erinnere ich mich meiner schlechten Schläge deutlicher als jener ein oder zwei – nur selten sind es auf einer Runde mehr –, die ich ganz nach Wunsch getroffen habe.

Ich habe zeitlebens mit allen mir gegebenen geistigen und körperlichen Kräften an meinem Golf gearbeitet. Daher habe ich auch in großen Wettspielen einige entscheidende Schläge gut gespielt. So werden sich meine Freunde mit mir gern des Augenblicks erinnern, als ich in der Offenen Meisterschaft von 1950 zu Merion am 72. Loch eine Vier brauchte, um mit dem Führenden gleichzuziehen. Dazu mußte ich meinen Ball mit dem zweiten Schlag aus einer Entfernung von 180 m auf ein schmales, eng gebunkertes Grün legen. Nun, es gibt im Golf leichtere Aufgaben . . . Ich zog ein Eisen 2 aus der Tasche und spielte einen Schlag, der wohl der beste meiner letzten Runde, vielleicht der ganzen Meisterschaft war. Der Ball flog schnurgerade in Richtung linke Grünseite los, sprang am Grünrand auf und endete etwa dreizehn Meter von der Fahne. Mehr konnte niemand erwarten. Zwei Putts gaben mir meine Vier. So kam ich in das Stechen, das ich am folgenden Tage zu meiner großen Freude gewann.

Ich erzähle diesen Vorfall nicht, um in der Rückerinnerung einen schönen Augenblick nochmals zu genießen, sondern weil ich aus mancherlei Unterhaltungen erkannt habe, daß ich solche Schläge anders ansehe als die meisten Menschen. Die Zuschauer neigen dazu, einen guten Schlag zu verherrlichen, der in einem kritischen Augenblick unter höchstem Druck gespielt worden ist. Er erscheint ihnen einmalig, eine Inspiration beinahe. Ich sehe die Sache anders an. Jener Schlag entstand gar nicht an dem Spätnachmittag in Merion – ich hatte an ihm gearbeitet, seit ich zwölf Jahre alt war. So kann man sagen, daß in Meisterschaften Erfolg haben wird, wer unter Druck eher noch besser spielt als sonst.

Wettspielgolf und Alltagsgolf sind so verschieden wie Eishockey und Tennis. In manchem allerdings ähneln sie sich auch: der Berufsspieler geht auf Tournee, um seine Brötchen zu verdienen (wobei es um seinen Stolz, etwas Vergnügen und Tausende von Dollars geht); der Durchschnittsgolfer möchte am Wochenende ebenfalls sein bestes Golf spielen (wobei es um seinen Stolz, viel Vergnügen und einige Dollar geht). Beide versuchen unentwegt, Einzelbewegungen zusammenzusetzen zu EINEM RICHTIGEN, KRAFTVOLLEN, WIEDERHOLBAREN SCHWUNG. Denn das dürfte einwandfrei feststehen; man kann gutes Golf nur mit einem Schwung spielen, der sich ständig wiederholen läßt.

Wie also können wir einen Schwung aufbauen, der bei Wind und Wetter, in allen Lagen und unter jedem Druck gleich bleibt? Ich habe fünfundzwanzig Jahre lang die meisten Tages- und viele Nachtstunden darauf verwandt, eine Antwort auf diese Frage zu finden, und ich glaube, daß meine Erkenntnisse allen Golfern sehr helfen können. Darum habe ich dieses Buch geschrieben.

Ich habe nicht die Absicht, hier viel Theorie zu treiben. Mein heutiges Wissen habe ich mir empirisch erarbeitet: ich habe bei einem guten Spieler eine Bewegung gesehen, die mir richtig erschien; dann habe ich selbst eine Bewegung gemacht, die mir instinktiv zusagte; ich habe mit beiden experimentiert, um festzustellen, ob sie mir nützten oder schadeten; ich habe die Bewegungen übernommen und womöglich verfeinert, wenn sie sich bewährten; ich habe sie fallen lassen, wenn sie sich alsbald oder in einem Wettspiel als nutzlos erwiesen. So habe ich ständig und immerwährend alte und neue Methoden aufgegriffen, versucht und verändert – bis ich mir schließlich eine Reihe von Grundlagen erarbeitet hatte, die mir deshalb richtig zu sein schienen, weil sie sich auch unter höchstem Druck bewährten. So ist das, was ich auf diesen Seiten lehre, ein Extrakt des Wissens, das ich mir seit meinem zwölften Lebensjahr erarbeitet habe – denn schon nach den ersten Schlägen wußte ich damals, Golf und nichts anderes würde meine Lebensaufgabe sein.

Bis zu einem gewissen Punkt halte ich Golf nicht für schwer. Ich sehe wirklich keinen Grund, warum der Durchschnittsgolfer nicht in den Siebzigen herumgehen und dabei Schläge wie ein Klassespieler machen sollte. Aus irgendwelchen Gründen meinen indes die meisten Durchschnittsgolfer, daß sie lange Schläge nicht richtig zu spielen vermöchten, weil sie weder das Können noch die Muskelzusammenarbeit besäßen, die ein voller Schwung erfordert. Chips und Putts sind etwas ganz anderes. Da glauben diese Spieler schon ein Wörtlein mitreden zu können – denn dazu bedarf es ja nur eines kurzen Schwunges. Meines Erachtens unterschätzt sich der Durchschnittsgolfer. Er verfügt durchaus über die körperlichen Eigenschaften, die ein voller Schwung, ein voller Schlag erfordern. Ein voller Schwung ist lediglich ein verlängerter kurzer Schwung. Natürlich muß er gelernt werden, aber das ist zehnmal leichter als der Durchschnittsgolfer glaubt. Im Grunde ist es, wenn man einmal auf dem richtigen Wege ist, viel einfacher, richtig zu schwingen als falsch.

Ich bin mir der Tatsache bewußt, daß ich mitunter etwas anspruchsvoll bin und daß manche Bewegungen für andere schwieriger auszuführen sein mögen als für mich. Trotzdem regt es mich auf, wenn ich auf der Übungswiese beobachte, wie ein Spieler seine Energie völlig nutzlos vergeudet, indem er ständig Fehler wiederholt, die er mit 90% Wahrscheinlichkeit schon in seinem ersten Golfjahr gemacht hat. Dieser Mann liebt Golf, sonst würde er nicht so fleißig üben; aber ich kann ihm nicht lange zusehen – sein nutzloser Energieaufwand betrübt mich. Wenn er auch noch Jahrzehnte auf der Übungswiese verbringt, er wird sich nie verbessern. Im Gegenteil: sein Spiel wird schlechter und schlechter werden, weil sich seine Fehler immer mehr festsetzen. Tausende von Golfern trösten sich damit, sie spielten der Geselligkeit und der Gesundheit wegen, was beides sicher zutrifft – aber im Grunde ihrer Seelen möchten sie alle gut spielen. Dazu gehört nur etwas Nachdenken und Fleiß. Wer davor nicht zurückschreckt, wird gut spielen bis an sein Lebensende. Es gibt im Golf kein schöneres Gefühl als zu wissen, daß man sich verbessert.

Ehe wir mit dem eigentlichenUnterricht beginnen, möchte ich dem Leser noch unser Ziel beschreiben und erklären, wie wir es zu erreichen versuchen werden. Dieses Buch umfaßt fünf Lektionen. In einer jeden werden wir dem Leser einige grundlegende Dinge beizubringen suchen, die er üben sollte. Wenn sie ihm in Fleisch und Blut übergegangen sind, besitzt er eine feste Basis, auf der er weiterbauen kann. Ich bin sicher, daß jeder, der täglich eine halbe Stunde die Grundbegriffe der fünf Lektionen übt, sein Spiel und damit seine Rundenergebnisse entscheidend verbessern wird. Das Maß dieser Verbesserung wird wesentlich von seinem Fleiß abhängen. Wer weiter übt und dabei stets die ihm nun bekannten Hauptpunkte beachtet, wird sich in einer Weise verbessern, die er nicht für möglich gehalten hätte. Denn es ist meine feste Überzeugung: DER DURCHSCHNITTSGOLFER IST DURCHAUS DAZU BEFÄHIGT, EINEN STÄNDIG WIEDERHOLBAREN SCHWUNG AUFZUBAUEN UND DIE 80 ZU UNTERBIETEN, wenn er lernt, einige wenige Bewegungen richtig auszuführen, andererseits aber solche Bewegungen unterläßt, die der Wiederholbarkeit des Schwunges im Wege stehen. In diesen Lektionen wird nicht versucht, alle Gebiete des Golfsports zu behandeln; kaum ein Hundertstel dieses unerschöpflichen Stoffes wird uns hier beschäftigen. Wir werden lediglich diejenigen Fakten erörtern, die sich als die Grundpfeiler des Schwunges erwiesen haben. Ihr Vorhandensein oder Fehlen ist leicht festzustellen. Wer sie beherrscht, ist für alles gerüstet.

Nach Ansicht einiger meiner stockkonservativen Freunde ist mein Begriff des Golfschwunges in vieler Hinsicht revolutionär. Das mag zum Teil zutreffen. In meinen Augen sind im Golfschwung gewisse Dinge völlig unwichtig, obgleich sie lange als grundlegend gegolten haben. Demgegenüber scheinen mir andere, die man für mehr oder weniger nebensächlich gehalten hat, die Grundpfeiler des Golfschwungs schlechthin zu sein. Und noch etwas: ich finde, der Lehrer muß dem Schüler die Art und das Gefühl einer jeden Bewegung genau erklären. Wollte man einem Kind das Türöffnen beibringen, würde man nicht selbst die Tür öffnen und dem Kind dann erklären, wie die geöffnete Tür aussieht; man würde ihm vielmehr zeigen, wie die Klinke heruntergedrückt wird, damit es das nachmachen könnte. Genauso werden wir in diesen Lektionen beschreiben, was man tun muß, um diesen oder jenen Erfolg zu erzielen. Handlungen und ihre Wirkungen zu lernen – darauf kommt es an. Mag sich der Stil der guten Spieler auch durch persönliche Eigenheiten unterscheiden, in allen wesentlichen Dingen befolgen sie die Grundregeln, die nun hier erklärt werden sollen. Täten sie es nicht – sie wären keine guten Spieler.

1

Der Griff

Die erste Voraussetzung für gutes Golf ist ein guter Griff. Das klingt wie ein Gemeinplatz, und zudem halten die meisten Leute den Griff für den langweiligsten Teil des Schwunges. Was tut er schon? Gleich manchen ernsten Golfern sehe ich indes etwas ästhetisch ungemein Befriedigendes in der Art, wie ein Klassespieler seinen Schläger anfaßt. So hat Walter Hagen einen ausgesprochen schönen Griff, ungemein kraftvoll und dabei doch fast zärtlich. Man möchte meinen, Hagens Hände seien eigens dazu gebaut, einen Golfschläger zu umschließen. Von den jüngeren Spielern unserer Tage hat Jack Burke einen ähnlich schönen Griff. Sicher entspringt die Begeisterung von uns Golflehrern für einen guten Griff der Erkenntnis, daß die Hände beim Schwung durchaus kein „Stilleben" bilden: sie sind die Zentrale, die den ganzen Bewegungsablauf leitet.

Das ist durchaus logisch. Der Spieler kommt mit dem Ball nur durch den Schlägerkopf in Berührung, und mit dem Schläger wiederum nur durch den Griff. Die Kraft des Golfschwunges entsteht durch Bewegung des Rumpfes. Sie wird zunächst auf die Arme und dann durch die Hände auf Schläger und Schlägerkopf übertragen.

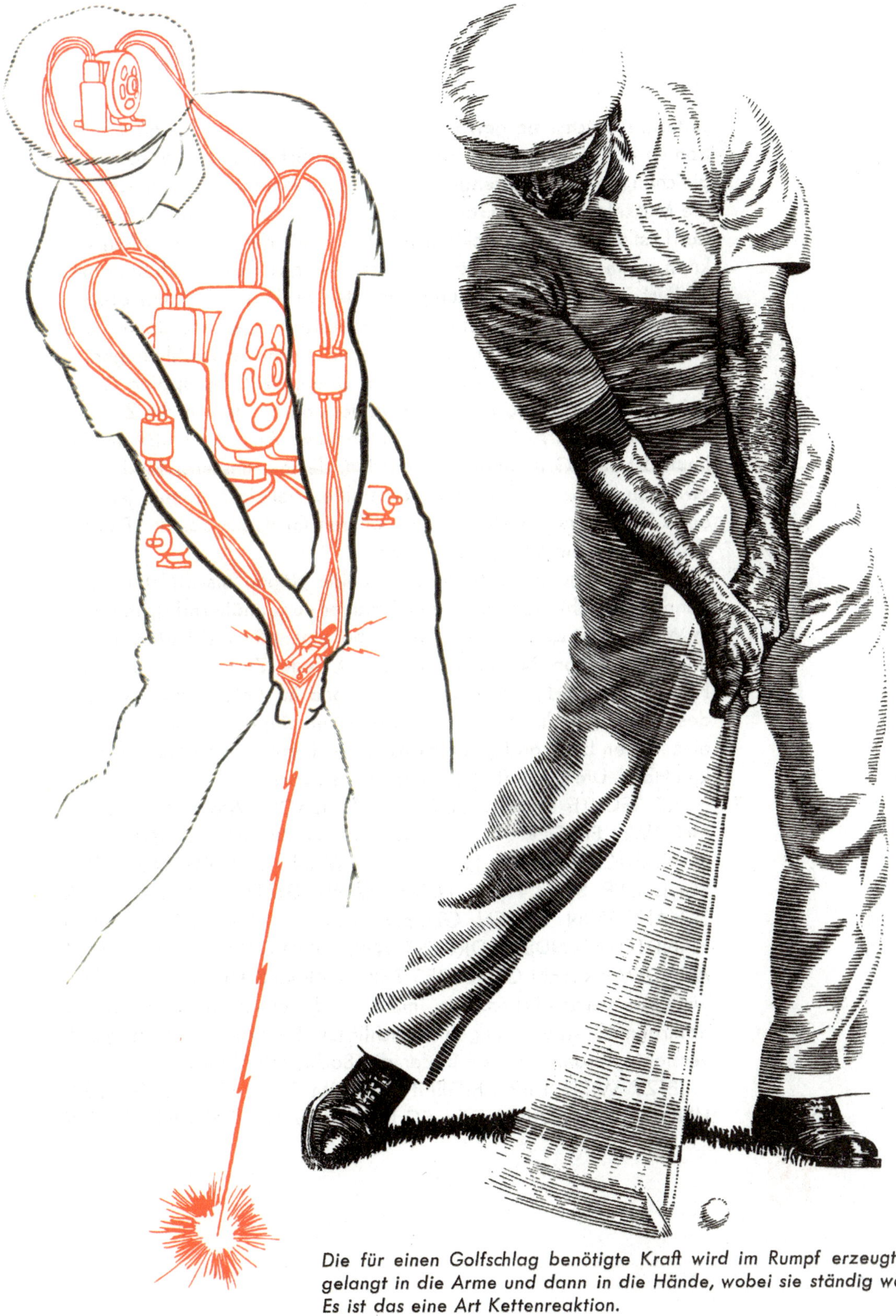

Die für einen Golfschlag benötigte Kraft wird im Rumpf erzeugt. Sie gelangt in die Arme und dann in die Hände, wobei sie ständig wächst. Es ist das eine Art Kettenreaktion.

Jedesmal wächst sie gewaltig. So kann man von einer Kettenreaktion sprechen oder den Vorgang mit dem Schlag einer Peitsche vergleichen, deren Schnurende sich auch ungleich schneller bewegt als die Muskeln, die es in Gang gesetzt haben. Nur mit einem richtigen Griff ist diese Kettenreaktion möglich. Faßt der Spieler falsch an, kann er im höchsten Punkt des Aufschwunges nicht fest halten und verliert jegliche Beherrschung über den Schläger. Er kann die erzeugte Kraft nicht voll auf den Schläger übertragen und daher auch den Schlägerkopf nicht im höchstmöglichen Maße beschleunigen.

Am gebräuchlichsten ist heute der Übergriff (Overlapping Grip). Seine Beliebtheit reicht über ein halbes Jahrhundert in die Zeit zurück, als ihn Harry Vardon in England und Amerika einführte. Bis heute ist kein Griff gefunden worden, der ein besseres Bindeglied zwischen Körper und Schläger darstellte. Vielleicht erdenkt jemand eines Tages einen noch wirkungsvolleren Griff; bis das der Fall ist, wollen wir beim Übergriff bleiben.

Bei einem guten Griff arbeiten beide Hände als EINHEIT. Das können sie nicht, wenn man den Schläger nur annähernd richtig hält, in Wirklichkeit also unrichtig. So ist bei einem Rechtshänder, dessen linke Hand von Natur schwächer ist, jede Zusammenarbeit der Hände unmöglich, wenn die rechte Hand im Anfang oder Verlauf des Schwunges die Vorherrschaft gewinnt. Die erste Voraussetzung eines guten beidhändigen Griffes ist somit die richtige Lage der linken Hand. Um sie zu finden, gehen wir so vor:

DIE RECHTE HAND HÄLT DEN SCHLÄGER AM SCHAFTENDE MIT ZWEI FINGERN IN NORMALER ANSPRECHSTELLUNG. DEN HANDRÜCKEN DEM LOCH ZUGEWANDT, WIRD NUN DER SCHLÄGER SO IN DIE LINKE HAND GELEGT, DASS 1. DER SCHAFT VON UNTEN GEGEN DAS POLSTER AM INNEREN HANDTELLERENDE GEDRÜCKT WIRD UND DASS 2. DER SCHAFT AUF DEM ERSTEN GLIED DES ZEIGEFINGERS LIEGT. (Die Skizze wird das verdeutlichen. Wo immer in diesem Buch der Leser die naturgemäß schwerfälligen sprachlichen Erklärungen nicht gleich versteht, werden ihm die Bilder die Sache erleichtern).

JETZT WIRD DER ZEIGEFINGER UM DEN SCHAFT GELEGT, UND SCHON KANN DER SCHLÄGER GEHOBEN UND ALLEIN

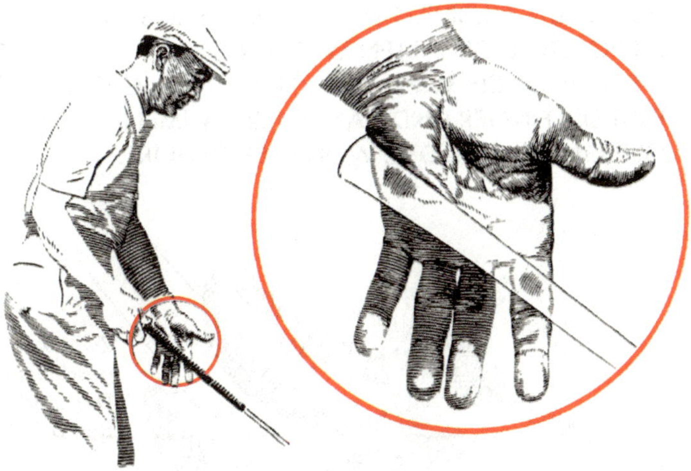

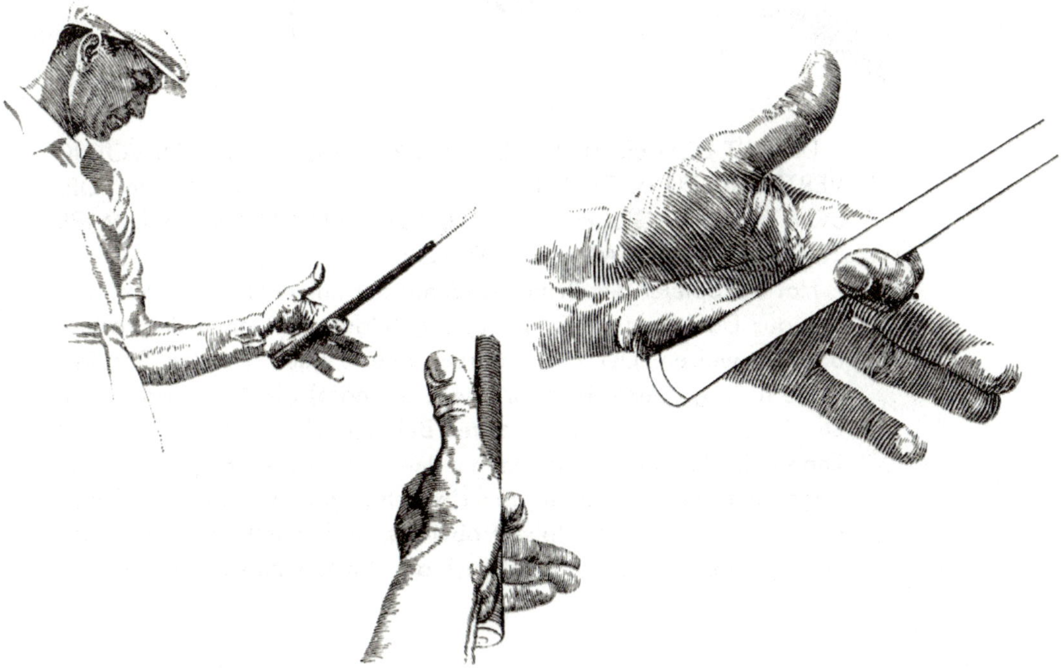

DURCH DIE MUSKELN DES ZEIGEFINGERS UND DES HANDTELLERPOLSTERS GEHALTEN WERDEN.

SCHLIESSLICH WIRD DIE LINKE HAND GESCHLOSSEN – ZUERST DIE FINGER UND DANN DER DAUMEN –, UND DER SCHLÄGER IST GENAU DORT, WOHIN ER GEHÖRT.

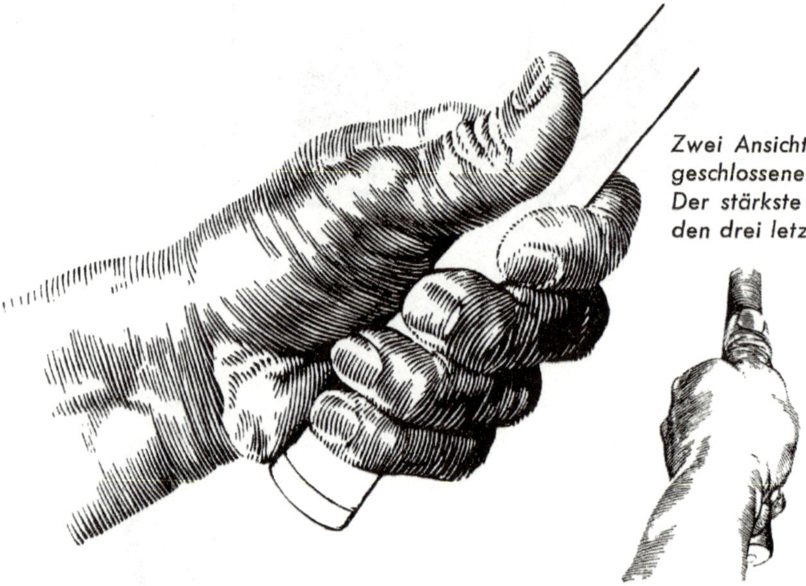

Zwei Ansichten der nunmehr geschlossenen linken Hand. Der stärkste Druck lastet auf den drei letzten Fingern.

UM MIT DEM ERSTEN TEIL EINES RICHTIGEN GRIFFES VÖLLIG VERTRAUT ZU WERDEN, ÜBE MAN DIESES ERGREIFEN DES SCHLÄGERS TÄGLICH FÜNF ODER ZEHN MINUTEN. BALD WIRD ES GANZ AUTOMATISCH ERFOLGEN.

Hat der Spieler den Schläger so mit der linken Hand gefaßt, wird das aus Daumen und Zeigefinger gebildete „V" nach der rechten Schulter weisen. Der Gesamtdruck aller Finger auf den Schläger sollte nicht größer sein (eher etwas geringer) als der ursprüngliche Druck von Zeigefinger und Polster. Bei nunmehr geschlossener Hand liegen die Hauptdruckstellen an den drei letzten Fingern; Zeigefinger und Polster tragen zur Unterstützung bei. Die drei Finger drücken aufwärts, das Polster abwärts, und zwischen ihnen ist der Schläger fest verankert. Der Druck des Polsters bewirkt dreierlei: er kräftigt den linken Arm beim Schlag; am Wendepunkt des Aufschwunges verhindert er ein Absacken des Schlägers; im Treffmoment wirkt das Polster als Prellbock.

Dieser Druck soll bewußt sein, er muß die Hand beleben und einsatzbereit machen. Manche Spieler fassen den Schläger so grimmig an, daß man meint, sie wollten das Leder vom Griff abdrehen. Warum so übertreiben? Eine solche Kraftentfaltung kann sogar recht gefährlich sein, weil die Muskeln des linken Armes dadurch über Gebühr angespannt und steif werden. Sie sind dann gleichsam taub und reagieren nicht auf die Befehle, die ihnen das Gehirn bei Schwungbeginn gibt. Durch zu festes Fassen wird auch das Handgelenk unbeweglich. Was wir brauchen ist ein sicherer, bewußter und bequemer Griff; fest wird er von selbst, wenn sich die Finger beim Aufschwingen des schweren Schlägerkopfes instinktiv mehr schließen.

Griff der linken Hand am Wendepunkt.

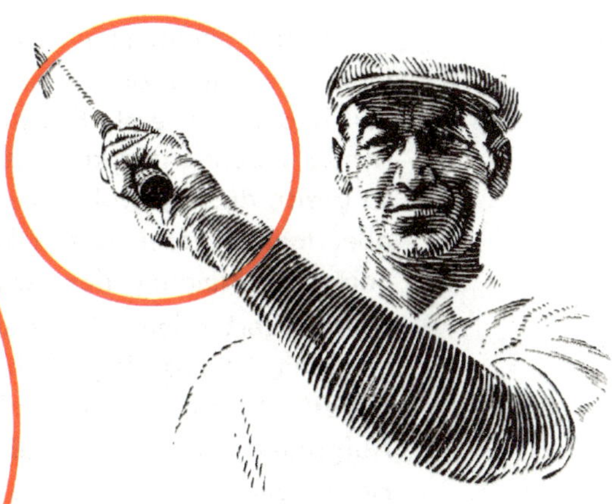

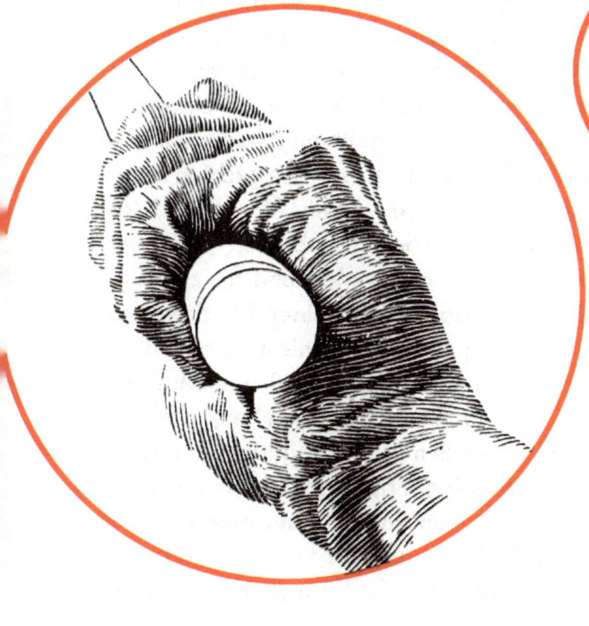

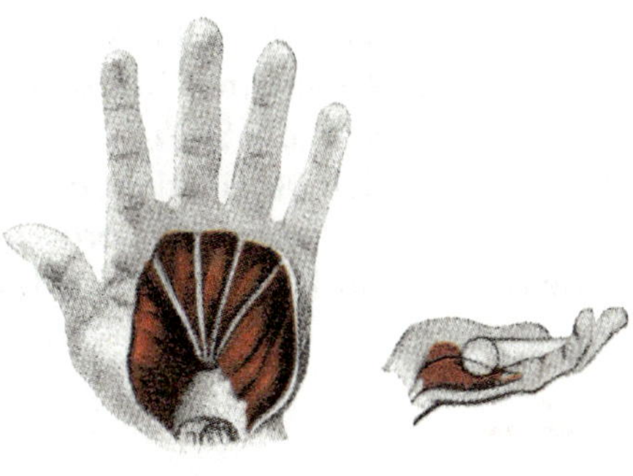

Diese anatomischen Bilder zeigen die Muskulatur der linken Hand.

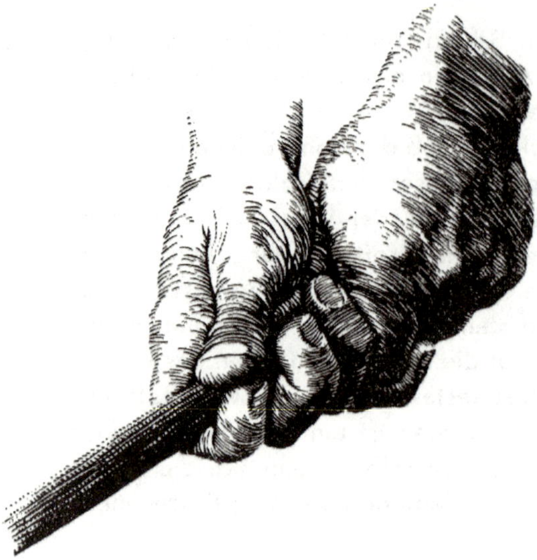

So liegt die rechte Hand richtig auf dem Schläger

Wir kommen nun zur rechten Hand. Da sie übergreift, ist ihre Haltung schwieriger zu erlernen. Beide Hände sollen letztlich eine Einheit bilden. Der erste Schritt auf dem Wege zu diesem Ziel ist eine richtig liegende und kräftige linke Hand; der zweite eine rechte, die so greift, daß sie wohl ihren Teil der Arbeit übernimmt, keinesfalls aber mehr. Dieser zweite Schritt wird nur gelingen, wenn wir die natürliche Neigung des rechten Zeigefingers und des rechten Daumens unterbinden, alles allein machen zu wollen. Wenn wir das zulassen, ist das Unglück bereits geschehen. Die beiden „Zangenfinger", Daumen und Zeigefinger, eignen sich glänzend für zahllose Aufgaben des täglichen Lebens wie das Öffnen einer Tür oder das Halten einer Tasse, aber sie taugen ganz und gar nicht zum Aufbau von Griff und Schwung. Das erklärt sich daraus, daß ihre Muskeln mit den sehr kräftigen Muskeln in Verbindung stehen, die am Außenarm über den Ellenbogen zur Schulter hinauflaufen. Drückt man die Spitzen von Daumen und Zeigefinger gegeneinander, werden automatisch diese Muskeln von Arm und Schulter mobilisiert – und gerade sie brauchen wir im Golfschwung nur wenig. Wer sie zu stark einsetzt, wird bald zu den zahllosen Golfern gehören, deren

Hände nie eine Einheit bilden, die im Aufschwung nach rechts und im Abschwung nach links schwanken, die alles dem rechten Arm überlassen – und die somit alles falsch machen.

WIR VERFAHREN ANDERS. WIR STRECKEN ZUNÄCHST DIE RECHTE HAND DERGESTALT VOR UNS AUS, DASS DER HANDTELLER NACH DEM LOCH ZU WEIST. DANN LEGT DIE LINKE HAND, DIE JA SCHON RICHTIG LIEGT, DEN SCHLÄGER SO IN DIE RECHTE, DASS DER SCHAFT QUER ÜBER DEM UNTERSTEN GELENK DER FINGER UND DEUTLICH AUSSERHALB DES HANDTELLERS RUHT.

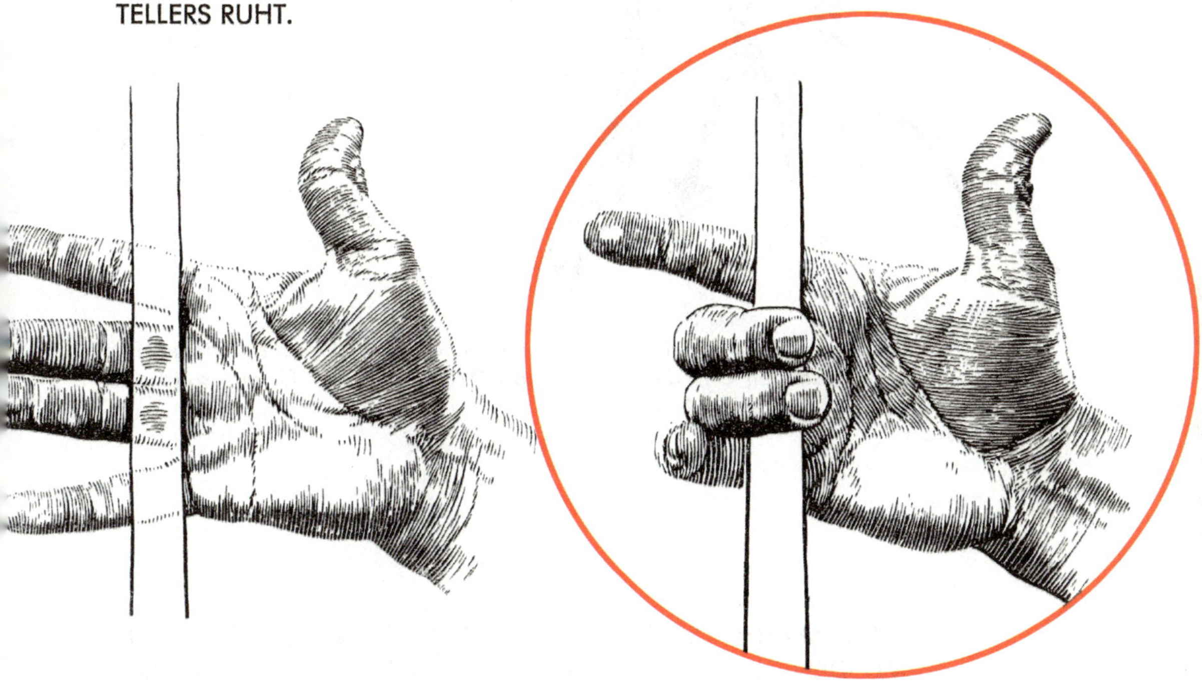

Der Schläger liegt auf dem ersten Glied der Finger der rechten Hand. Den stärksten Druck üben die beiden Mittelfinger aus.

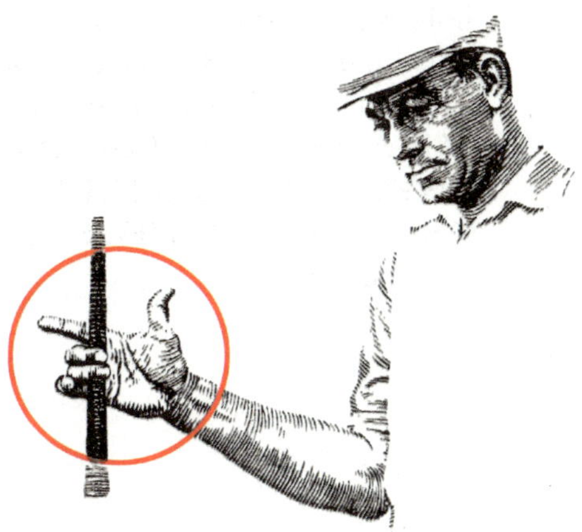

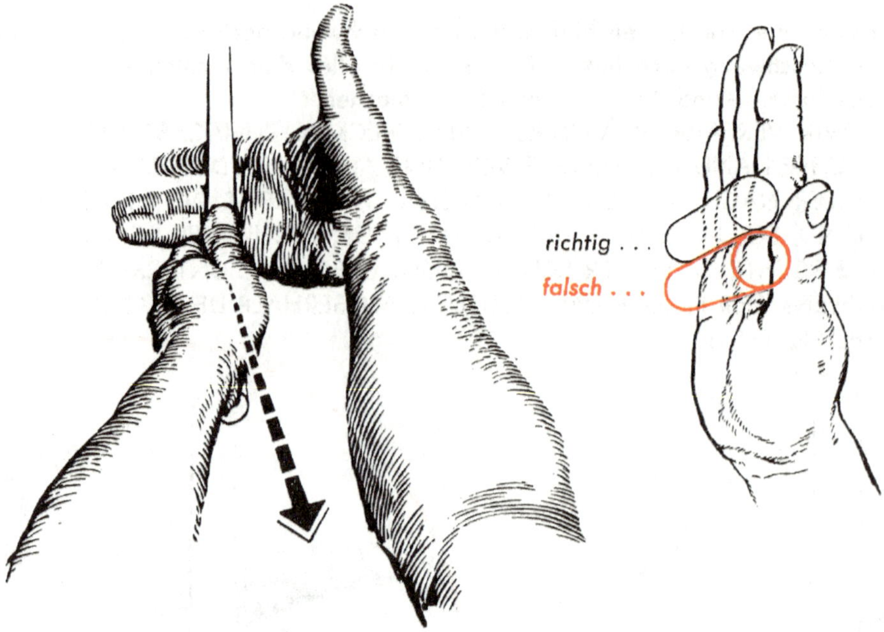

Die rechte Hand greift mit den Fingern und nicht mit dem Handteller. Bei einem richtigen Griff der linken Hand mit Handteller und Fingern weist das „V" auf das rechte Auge.

DIE RECHTE HAND FASST MIT DEN FINGERN, VOR ALLEM MIT DEN BEIDEN MITTLEREN. Der Zeigefinger darf, ich wiederhole es, nicht vorherrschen. Der kleine Finger endlich rutscht über den Zeigefinger der linken Hand hinweg und kuschelt sich in die Vertiefung zwischen Zeige- und Mittelfinger. NACHDEM NUN DER SCHLÄGER FEST IN DEN FINGERN AUCH DER RECHTEN HAND LIEGT, WIRD LEDIGLICH NOCH DER RECHTE DAUMEN ÜBER DEN LINKEN GEFALTET. Er ruht nun an der linken Seite des Schlägerschaftes.

Entscheidend für den Griff der rechten Hand ist, daß der Schläger von den Fingern und nicht vom Handteller gehalten wird. Wenn man Rückwärtsdrall geben, einen Ball rasch hochschneiden oder sonst auf besondere Weise spielen will, muß man ihn hart und trokken treffen. Das gelingt nur, wenn der Schläger von den Fingern der rechten Hand gehalten wird. Auch eine maximale Beschleunigung des Schlägerkopfes ist nur möglich, wenn die Finger und nicht der Handteller den Schläger halten.

Noch ein Wort über den kleinen Finger der rechten Hand. Nach der herrschenden Lehre reitet er auf dem linken Zeigefinger Huckepack. Ich empfehle indes, ihn in die Mulde zwischen Zeige- und Mittelfinger zu drücken, denn dadurch verankert man die beiden Hände. Wer so faßt, fühlt, wie seine Hände zur Einheit geworden sind.

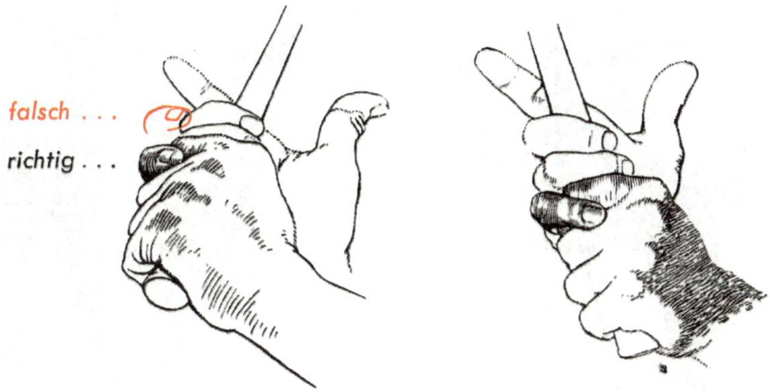

Schließlich muß ich noch etwas über den rechten Daumen sagen. Um den Griff der rechten Hand an den richtigen Stellen zu kräftigen (und dadurch die Zangenwirkung von Daumen und Zeigefinger zu verhindern), sollten wir uns folgendes angewöhnen: ehe wir den Schläger mit der rechten Hand ergreifen, drücken wir die beiden Schenkel des aus Daumen und Zeigefingerwurzel gebildeten „V" so zusammen, daß sie gleichsam zu Siamesischen Zwillingen werden. Diesen

Druck behalten wir bei, wenn wir die rechte Hand vollends über den linken Daumen falten. Ich habe dabei das Gefühl, als drücke der Knöchel des rechten Zeigefingers nach links, also nach dem Loch. Wenn dieser Knöchel oben fast auf der Schaftmitte sitzt, weiß ich, daß ich den Schläger mit den Fingern fasse. Und noch eines: wenn wir die rechte Hand über den linken Daumen falten – und da gibt es noch allerhand zu falten! –, paßt der linke Daumen wie das Stück eines Zusammensetzspieles in die Höhlung der rechten Handwurzel.

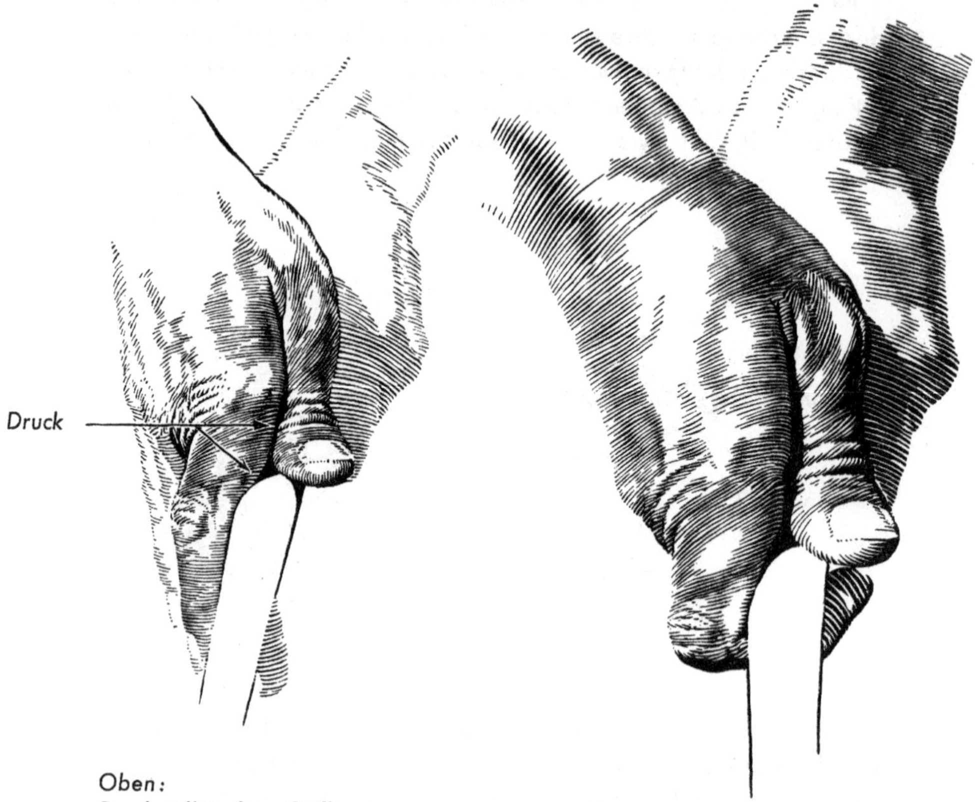

Oben:
Der beidhändige Griff.

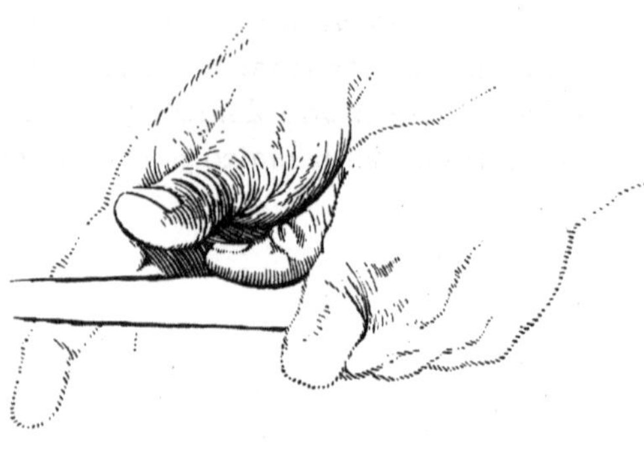

Unten: Der linke Daumen paßt genau in die Mulde des rechten Handtellers.

Durch diese enge Verbindung von linkem Daumen und rechter Handtellermulde werden die Hände förmlich zusammengeschweißt. Der Griff ist nun wirklich fest, und er bleibt es auch am Wendepunkt des Aufschwunges, wo die schlechten Griffe so leicht in die Brüche gehen. Das zwischen Daumen und Zeigefinger der rechten Hand gebildete „V" muß beim Ansprechen auf die Kinnmitte weisen.

Das „V" der rechten Hand weist auf die Kinnmitte.

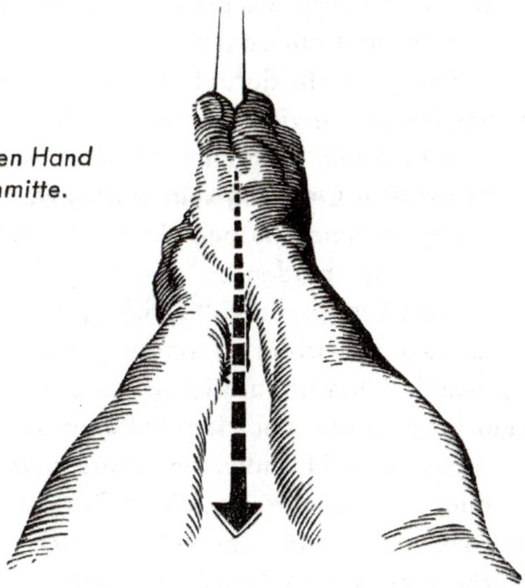

Vielleicht sollte ich noch etwas über jene beiden Gefahrenquellen sagen, Daumen und Zeigefinger der rechten Hand. Auch sie haben eine wichtige Aufgabe, denn sie geben dem Schlag des fortgeschrittenen Spielers die letzte Feinheit. Das lernt man mit der Zeit von selbst, und wir wollen uns hier nicht um Feinheiten kümmern, wo es uns doch zunächst darauf ankommt, schlechte alte Eigenschaften durch gute neue zu ersetzen. Und da bin ich der Meinung, daß man diese beiden „Finger der hohen Schule" ganz außer acht lassen sollte, solange man noch den richtigen Gebrauch der rechten Hand lernt. Eine gute Übung ist es übrigens, den Schläger eine Woche lang täglich fünf Minuten zu schwingen und dabei Daumen und Zeigefinger der rechten Hand abzuspreizen. Sehr bald beginnt man zu fühlen, wie die beiden Hände zusammenschmelzen. Wenn man dann die beiden Finger wieder auf den Schläger zurücklegt, muß man den Eindruck haben, als berührten sie das Leder kaum. Das hindert nicht, daß der Knöchel des Zeigefingers, wie schon oben gesagt wurde, in Richtung Daumen und Loch drücken soll.

Es mag scheinen, als hätte ich den Griff gar zu eingehend beschrieben. Das ist keineswegs der Fall. Nur zu gern halten Spieler Dinge für sekundär, die durchaus primär sind. So sind sie schon sehr stolz, wenn sie überhaupt mit dem rechten kleinen Finger übergreifen, und sie achten gar nicht darauf, wie sie es tun. Oder aber sie verwechseln eine Folge, die vielleicht ganz nebensächlich ist, mit der Ursache, auf die es allein ankommt. So wiederum glauben viele Spieler, daß ihr Griff in Ordnung sein müsse, wenn nur die beiden „V" richtig weisen. Vielleicht haben sie recht, vielleicht aber auch nicht – die Richtung der beiden „V" ist lediglich ein Kriterium. Im Golf gibt es gewisse Dinge, die völlig richtig gemacht werden müssen – sie nur annähernd richtig zu machen, genügt nicht. Der Griff gehört dazu, denn bei ihm ist halbrichtig gleich falsch. Wer sich eine Weile mit den Einzelheiten der Handhaltung beschäftigt hat, wird den Schläger bald ohne Nachdenken richtig anfassen. Die aufgewandte Zeit lohnt sich, denn ein richtiger Griff macht sich tausendfach bezahlt. Wer ihn einmal beherrscht, braucht sich während des Schwunges nicht mehr um die Hände zu kümmern. Sie erfüllen ihre Aufgabe von selbst, weil ein guter Griff auch die richtigen Muskeln von Arm und Rumpf ins Spiel bringt.

Ich möchte hier einige autobiographische Zeilen einschieben, denn wenn je ein Golfer Schwierigkeiten mit seinem Griff gehabt hat, so bin ich es gewesen. Es fing damit an, daß ich zwar linkshändig geboren, bereits als kleines Kind aber umgestellt wurde. Golf begann ich dann wieder linkshändig, weil mein erster Schläger, ein altes

Es ist eine gute Übung, Daumen und Zeigefinger der rechten Hand abzuspreizen, weil man dadurch das Gefühl für einen richtigen, kräftigen Griff bekommt, bei dem beide Hände zur Einheit werden.

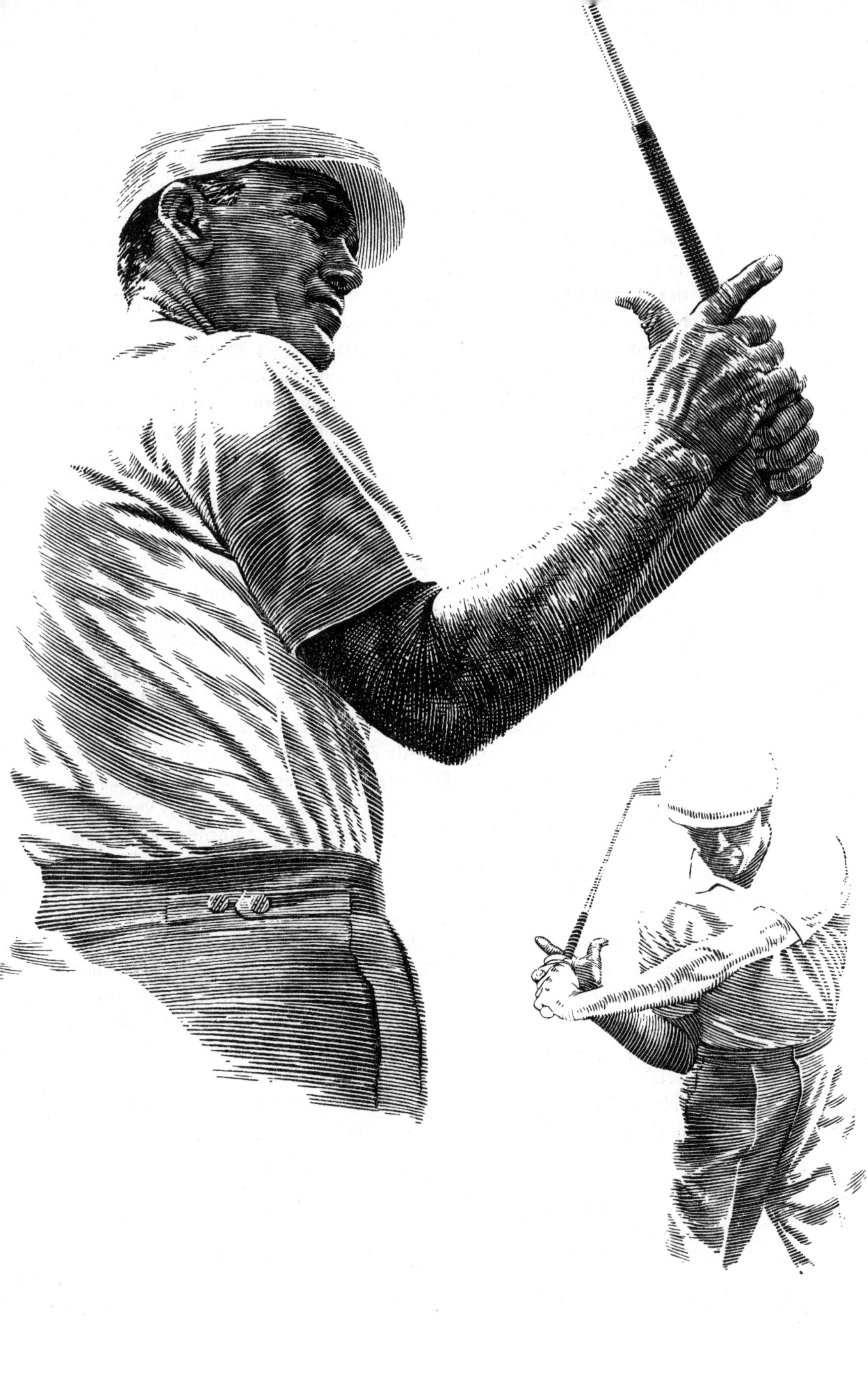

Fünfereisen, zufällig links stand. Bald mußte ich erneut umsatteln, diesmal aus wirtschaftlichen Gründen, denn das Warenhaus, das die Jugend meiner Heimatstadt Fort Worth mit gebrauchten Schlägern zu je einem Dollar belieferte, führte nur rechtshändige. Nach der Umstellung versuchte ich es – wohl weil ich zuvor links gespielt hatte – mit einem Umkehrgriff, bei dem die linke Hand unterhalb der rechten lag. Das führte zu nichts, und so kam bald der verschränkte Griff dran, bei dem der kleine Finger der rechten Hand unter dem Zeigefinger der linken hindurchrutscht. Im Alter von etwa fünfzehn Jahren landete ich endlich beim Übergriff. Ich war damals in der Pro-Werkstatt des Glen Garden Golf Clubs angestellt und sah den Griff bei meinem Lehrherrn Ted Longworth. Ich erkannte sofort seine ungeheuren Vorzüge, und bald war er mir völlig vertraut geworden.

Später habe ich an dem Übergriff zwei kleine Änderungen vorgenommen. Kurz nach meiner Entlassung aus dem Militärdienst ging ich vom „langen Daumen" (wobei der linke Daumen gestreckt auf dem Schaft liegt) zu einem gemäßigten „kurzen Daumen" über (wobei der Daumen etwas zusammengezogen wird und knapp einen Zentimeter weniger weit hinabreicht). Ich hatte nämlich festgestellt, daß der Schläger bei „langem Daumen" am Wendepunkt des Aufschwunges leicht überkippte. Als Folge davon hatte ich oft Schwierigkeiten mit dem Timing. Die zweite Änderung erfolgte 1946, als ich meine linke Hand mindestens einen Zentimeter nach links verschob. Ich kam darauf bei einem Versuch, einen gelegentlichen Hook ohne Verlust an Länge auszumerzen. Ich kam diesem Ziel sehr viel näher, wenn ich die linke Hand so weit herumrückte, daß der Daumen genau oben auf dem Schläger lag. Diese beiden Änderungen brauchen keine allgemeine Gültigkeit zu haben; mir haben sie genützt, und ich kann sie nur allen empfehlen, die einen ähnlichen Schwung haben wie ich. Aber ich wiederhole: es sind persönliche Abweichungen ohne Allgemeingültigkeit. Am glücklichsten erachte ich den Spieler, der von der Norm nicht abzuweichen braucht.

Die Hände arbeiten am besten, wenn sich die Finger dünn anfühlen. Das tun sie nicht immer. Merkwürdigerweise verhindert ein mäßiger Genuß von Ginger Ale durch seine Wirkung auf die Nie-

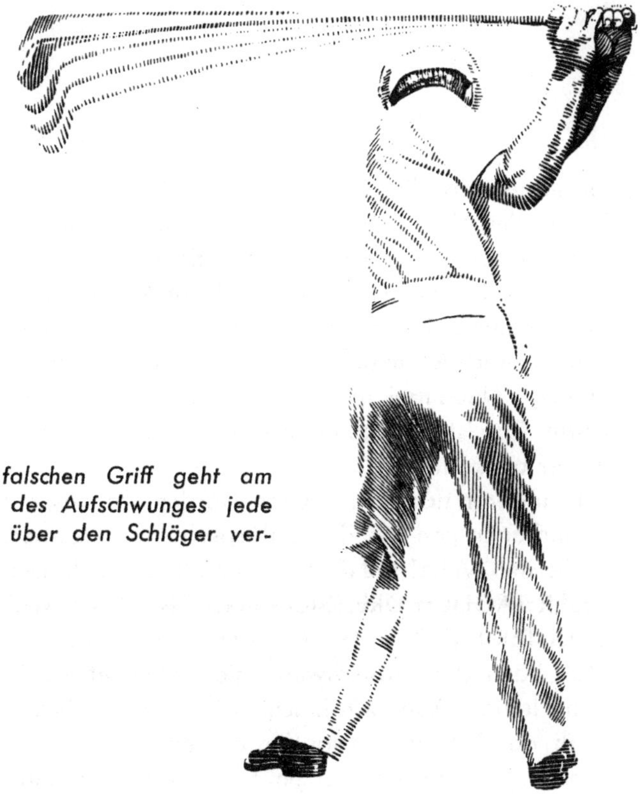

Mit einem falschen Griff geht am Wendepunkt des Aufschwunges jede Beherrschung über den Schläger verloren.

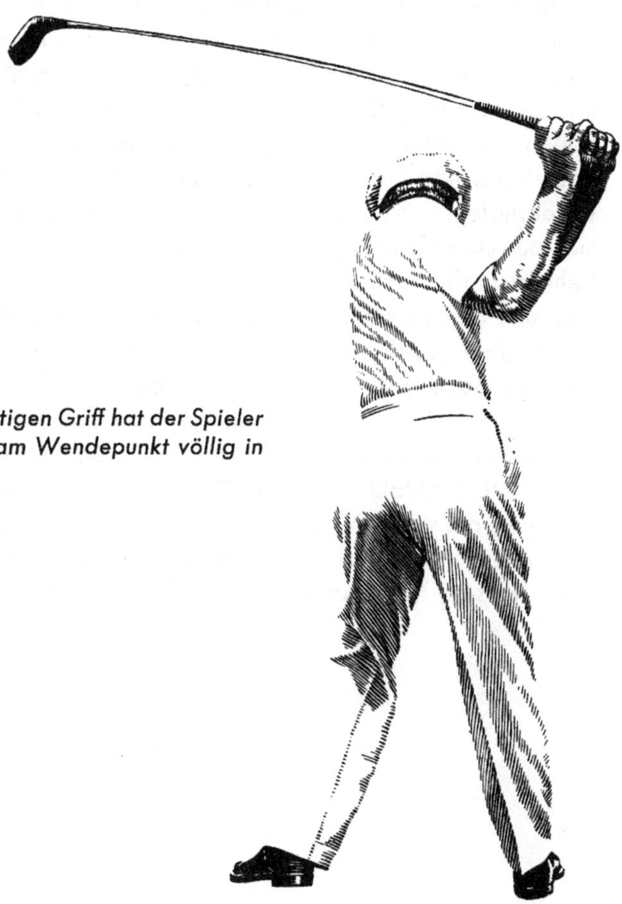

Mit einem richtigen Griff hat der Spieler den Schläger am Wendepunkt völlig in der Gewalt.

ren ein Anschwellen der Finger. Sehr beeinträchtigt wird unser Gefühl in den Händen durch kaltes Wetter. Damit meine Finger stets warm blieben, trug ich bei der Britischen Offenen in Carnoustie in jeder Tasche einen Handwärmer. Diese kleinen Überbleibsel der viktorianischen Zeit arbeiten ähnlich einem Feuerzeug mit einer Flüssigkeit, die nach Anzünden des Dochtes etwa acht Stunden lang Wärme erzeugt. Nebenbei halten sie in der Hosentasche auch die Bälle warm. Das ist wichtig, denn erfahrungsgemäß fliegen warme Bälle weiter als kalte.

In unserer nächsten Lektion werden wir uns mit den modernen Grundlagen von Stand und Körperhaltung beschäftigen. Aber bitte – Eile mit Weile! MINDESTENS EINE WOCHE LANG SOLLTE DER LESER TÄGLICH DREISSIG MINUTEN DEN GRIFF ÜBEN. UM SO LEICHTER LÄSST SICH DANN DIE NÄCHSTE STUFE ERKLIMMEN! Man kann den Golfschwung nicht ohne etwas Fleiß und Überlegung lernen. Aber wie macht sich die Mühe bezahlt! Alsbald lernt auch der Durchschnittsgolfer die einzelnen Elemente zum vollen Schwung zusammenzusetzen. Er kann dann diesen Schwung ständig wiederholen und damit Schläge machen, die in allen wesentlichen Teilen denen der Berufsspieler gleichen. Er wird vielleicht nicht so lang und nicht so gerade sein wie der Golflehrer, aber er w i r d lang und gerade sein. Darüber hinaus werden seine Schläge Charakter haben. Es gibt unzählige Spieler, die das Gefühl solcher Schläge noch nie erlebt haben. Dennoch, und ich kann das nicht oft genug wiederholen, wären sie durchaus imstande, sie zu spielen. Befindet sich der Durchschnittsgolfer erst einmal auf dem richtigen Weg und beherrscht die Schwungtechnik, so wird er sich ständig weiter verbessern und gerade daran eine ungeheure Freude haben. Er wird nicht nur schöne, volle Schläge machen, er wird den Ball auch nach Wunsch hoch oder niedrig, mit Slice oder Pull spielen, er wird Schläge vom Sand und mit halbem Schwung beherrschen und sich aus Schwierigkeiten aller Art befreien können. Das alles wird er tun, OHNE JE SEINEN SCHWUNG ZU ÄNDERN. Denn ein richtiger Schwung meistert die ganze Skala der Golfschläge.

Je mehr er sich verbessert, desto mehr wird der Durchschnittsgolfer auch sein Spiel genießen. Ein richtiger Schwung wird ihn Golf wiederentdecken – oder vielleicht überhaupt erst entdecken – lassen. Er ist nun voll gerüstet und verfügt über das vollständige „Vokabular". Er spielt ein Golf, das ihm völlig neu ist. Sieht er 155 m vor dem Abschlag einen Teich, so braucht er nicht mehr den Himmel anzuflehen, seinen Ball irgendwie über das böse Wasser zu tragen – er weiß, daß er den Teich überspielen kann, und wenn er gar 180 m entfernt wäre. Nein, unser Spieler denkt jetzt bereits an ganz andere

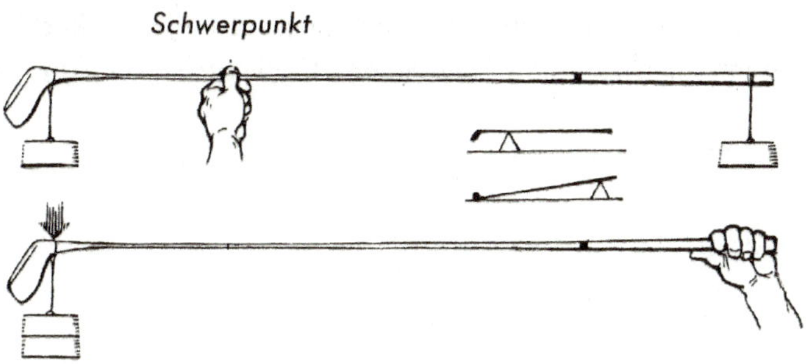

Wenn der Stützpunkt (Hände) verschoben wird, ändert sich die Lage des Schwerpunkts, und der Schlägerkopf erscheint schwerer.

Dinge: an welcher Stelle er den Teich kreuzen will, wohin er den Ball spielen soll, um günstig für den zweiten Schlag zu liegen und dergleichen mehr. Statt ihn zu verwirren, wird die einem jeden guten Golfloch innewohnende Strategie ihn zu eigenem Denken anregen. Er versteht, warum man dort links den großen Baum hat stehen lassen; es ist ihm völlig klar, warum rechts in das Grün ein Bunker einschneidet; auch jene so auffallend schmale Stelle der Spielbahn hat nun für ihn einen Sinn. Jetzt bestürmt er nicht mehr den Platzausschuß mit Bitten, Bäume zu fällen, Bunker zuzuschütten und Spielbahnen zu verbreitern. Er wird sich im Gegenteil gegen solche Vorhaben zur Wehr setzen, wenn sie von anderer Seite angeregt werden. So dringt er allmählich in den Geist des Spieles ein. Findet er nach einem schlechten Schlag seinen Ball in einer schweren Lage, nimmt er die Herausforderung an und gleicht den Fehler durch einen besonders guten Schlag aus; ist der Eingang eines Grüns eng gebunkert, so spielt er noch genauer als sonst – oder trägt wortlos die Folgen. Diese Einstellung zum Golf verdankt er dem Wissen, daß er einen im Grunde richtigen und wiederholbaren Schwung hat und daß er daher, wenn er sich zusammenreißt, den jeweils erforderlichen Schlag zu spielen vermag. Wie jeder Mensch wird er gelegentlich Fehler machen, aber er kann sich mit Fug und Recht einen Golfer nennen. Und seine Freude am Golf wird von Tag zu Tag wachsen.

2

Stand und Haltung

Golf ist nicht zuletzt darum so fesselnd, weil schon der Anfänger instinktiv fühlt, daß es für alles, was hier geschieht, eine Erklärung gibt; daß das scheinbare Geheimnis des ständig wiederholbaren guten Schlages gar kein Geheimnis ist; daß der Bewegungsablauf so logisch ist wie die Auflösung eines Mordfalles in dem letzten Kapitel eines Kriminalromans. Wie Detektive gehen denn auch die Golfer an die Arbeit. Hier finden sie etwas Neues, prüfen es und probieren es aus, dort finden sie etwas Besseres, prüfen es wieder und probieren es aus. So geht es während eines ganzen Golferlebens fort – und es ist keine leichte Arbeit. Was uns heute so einfach und genial erschienen ist, entpuppt sich oft genug morgen als größter Reinfall. Besonders schlimm aber ist, daß man leicht den Fehler, den man beseitigen möchte, noch verschlimmert, wenn man an irgend einer Gabelung den falschen Weg einschlägt. Ehe man es sich recht versieht, befindet man sich in einem grauenhaften Labyrinth und weiß nicht mehr ein noch aus. Vielleicht ist das wahre Geheimnis des Golfs der ihm innewohnende Magnetismus, der uns trotz allen Enttäuschungen zwingt, immer wieder von neuem seiner Rätsel Lösungen zu suchen.

Fast jeder Golfer wird zu einem kleinen Wissenschaftler, denn schon als Anfänger merkt er, daß er die Schwierigkeiten nur überwinden kann, wenn er den täglich neu auftauchenden Problemen systematisch zuleibe geht. Mir selbst hat hierbei sehr ein Notizbuch geholfen, das ich mit auf den Übungsplatz nehme und worin ich vor dem Heimgehen eintrage, was ich gearbeitet habe, mit welchem Erfolg und wo ich das nächste Mal fortfahren will. Ich werde wahrscheinlich zeitlebens mit dem Golfschwung experimentieren, aber ich glaube mir doch schon heute ein recht gründliches Wissen angeeignet zu haben. Wie oft wünsche ich, daß ich dieses Wissen schon in meiner Jugend besessen hätte!

Ich habe schon in der ersten Lektion hervorgehoben, daß man nur mit einem richtigen, kraftvollen und wiederholbaren Schwung gutes Golf spielen kann. Ob Mann oder Frau, jeder Mensch normalen Körperbaues kann einen solchen Schwung erlangen, wenn er vernünftig an die Arbeit geht. Man muß lediglich einige grundsätzliche Bewegungen lernen und üben, bis man sie so instinktiv ausführt wie essen, trinken oder gehen. Da wir den Lehrstoff auf diesen Seiten von allem überflüssigen Kram befreit haben, ist die Sache ungleich einfacher, als gemeinhin angenommen wird. „Technisch" sind an dem ganzen Unterricht nur die Erklärungen. Jede Bewegung verfolgt einen ganz bestimmten Zweck.

Der erste Grundpfeiler ist der Griff, den wir bereits behandelt haben. Der zweite ist Stand und Körperhaltung. Viele Golfer glauben irrigerweise, das Einnehmen des Standes habe nur insofern Bedeutung, als dabei gezielt werde. Natürlich ist ein Stand erst dann richtig, wenn der Schlägerkopf genau eingewinkelt ist, aber er hat daneben noch Funktionen, die nicht minder wichtig sind. Ein Golfschlag verlangt Kraft und Beherrschung; ein guter Stand setzt den Spieler in die Lage, 1. seinen Körper während des ganzen Schwunges im Gleichgewicht zu halten, 2. die Muskeln weich und fließend zu bewegen und 3. dadurch alle Energie mit einem Maximum an

Wenn Stand und Haltung richtig sind, ist das Gleichgewicht während des ganzen Schlages gewährleistet. Nur dann auch werden Beine, Arme und Rumpf ihre Aufgaben erfüllen.

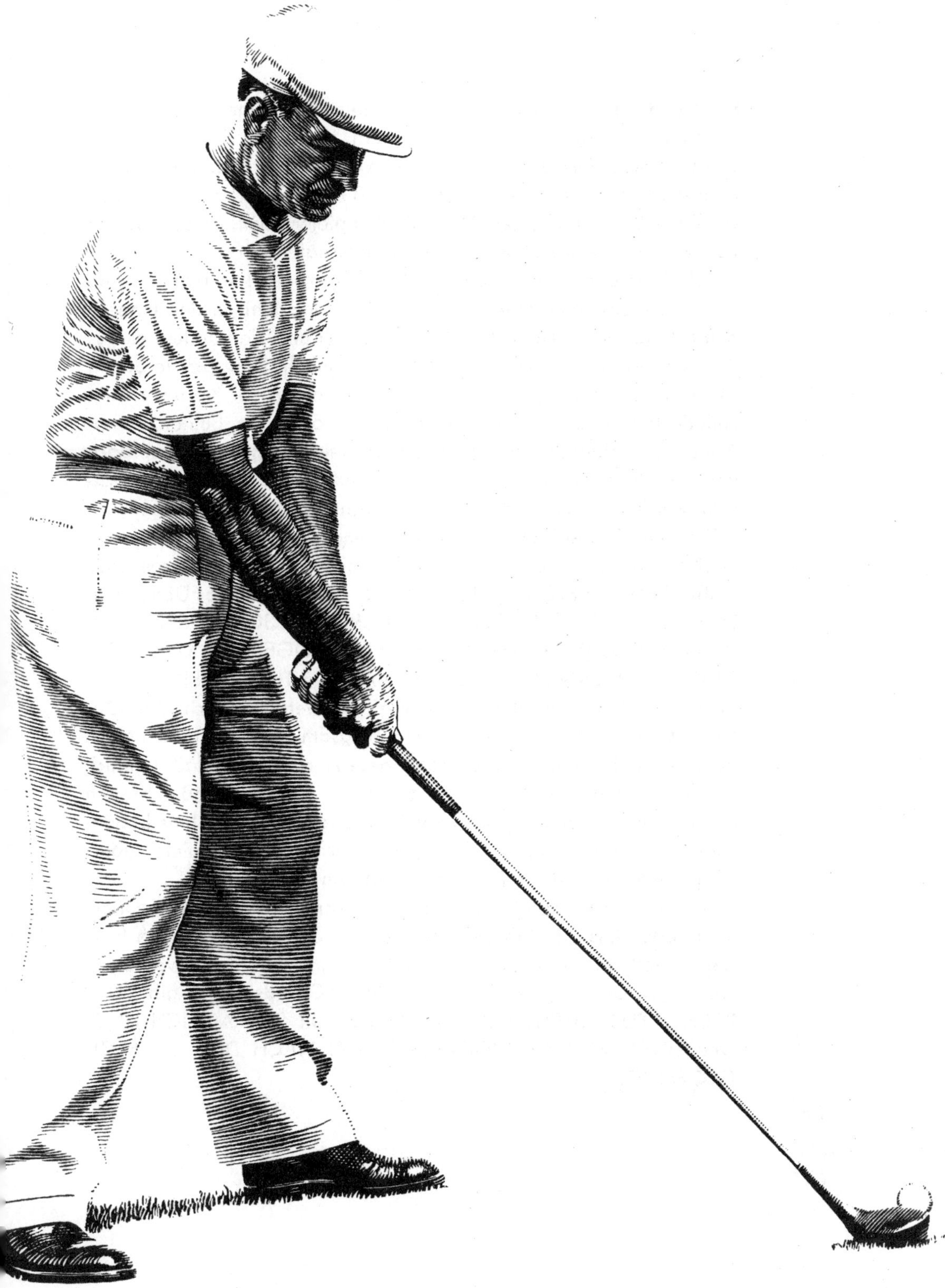

Kraft und Beherrschung einzusetzen. Beim Einnehmen des Standes rückt ein Klassespieler zumeist Schultern, Knie oder Füße etwas hin und her. Man darf das weder für Nervosität oder eine überflüssige Idiosynkrasie halten, noch glauben, daß dies die letzten Zuckungen vor einer Erstarrung seien. Was dieser Spieler sucht, ist das Gefühl völliger Ausgewogenheit und Startbereitschaft.

Sobald er den Schläger aus der Tasche gezogen hat, legt der gute Spieler bereits seine Hände um den Griff und fühlt in den Fingern den Schlägerkopf. Dann tritt er an den Ball und zielt, indem er das Schlägerblatt hinter dem Ball genau einwinkelt. Der nächste Schritt ist, die Füße so lange hin- und herzurücken, bis der Körper richtig zum Schlägerkopf steht. Die Bewegungen von Füßen, Beinen, Rumpf Armen und Händen geschehen dabei gleichzeitig, sind aber doch voneinander unabhängig. Um dem Leser die Übersicht zu erleichtern, werden wir sie hier einzeln und nacheinander besprechen.

Die erste Frage lautet: wie weit auseinander sollen die Füße stehen? Die goldene Regel für Menschen eigentlich jeden Körperbaus heißt: BEIM SPIELEN EINES EISEN 5 WERDEN DIE FÜSSE AUF SCHULTERBREITE GESPREIZT. BEI KÜRZEREN SCHLÄGERN WERDEN SIE ETWAS NÄHER ZUSAMMENGEZOGEN, BEI DEN HÖLZERN UND LANGEN EISEN ETWAS WEITER AUSEINANDERGERÜCKT. Ein zu breiter Stand birgt die Gefahr in sich, daß Gelenke steif werden, die locker und biegsam bleiben sollen. Noch häufiger sieht man den entgegengesetzten Fehler, daß nämlich Spieler zu eng stehen. Ich rate zu einem verhältnismäßig breiten Stand, weil er fester ist, das Bewahren des Gleichgewichtes begünstigt, ein Lockern der Schultern erleichtert und dem Spieler überhaupt mehr körperliche Freiheit läßt als ein enger Stand.

Manche starke Spieler drehen die Fußspitzen weit nach außen. Ich bin der Ansicht, daß sie ihre Erfolge nicht wegen, sondern trotz dieser Stellung errungen haben, denn von jeher bin ich davon überzeugt gewesen, daß es nur eine richtige Grundstellung gibt: DER RECHTE FUSS STEHT RECHTWINKLIG ZUR SCHLAGRICHTUNG, DER LINKE IST EINE VIERTELDREHUNG NACH DEM LOCH ZU GEÖFFNET.

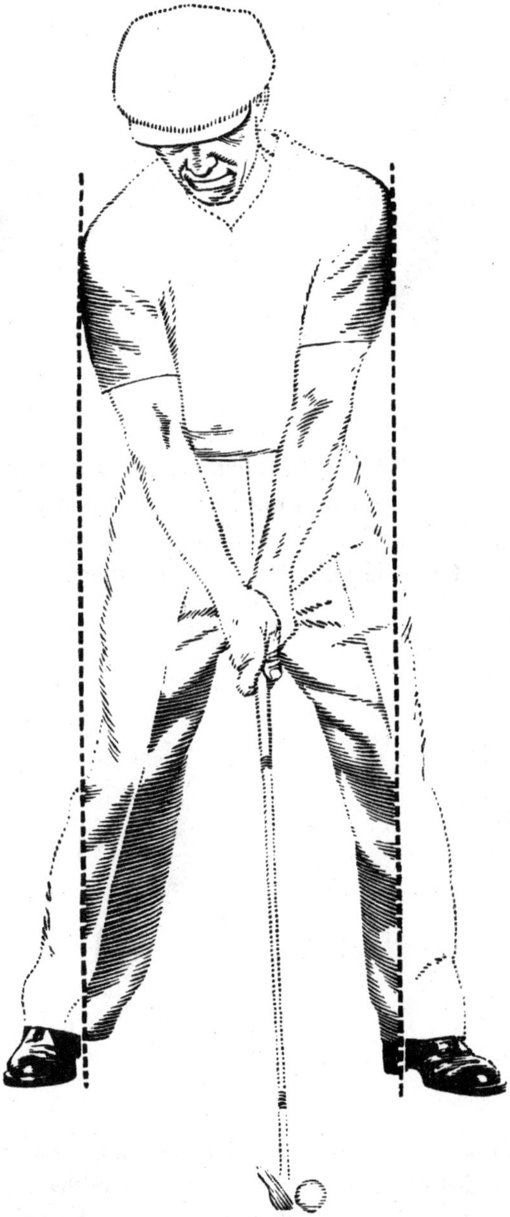

Bei einem normalen Eisen-5-Schlag werden die Füße auf Schulterbreite gespreizt.

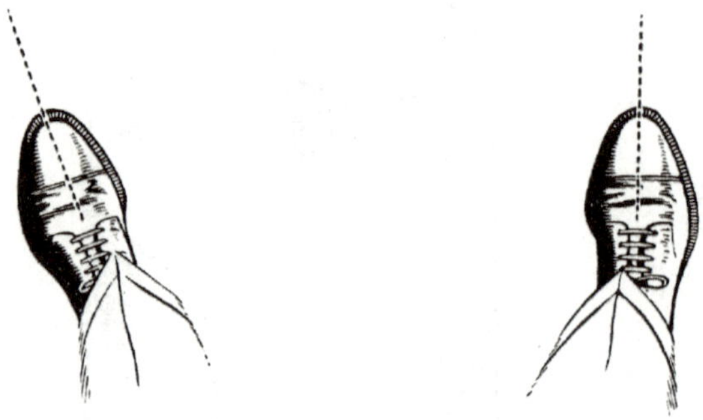

Um jede Möglichkeit eines Irrtums auszuschließen, will ich den Begriff einer Vierteldrehung noch genauer erklären: bei einer ganzen Drehung wird der Fuß um 90° gedreht, so daß er genau nach dem Loch zeigt. Eine Vierteldrehung umfaßt demnach rund 22°.

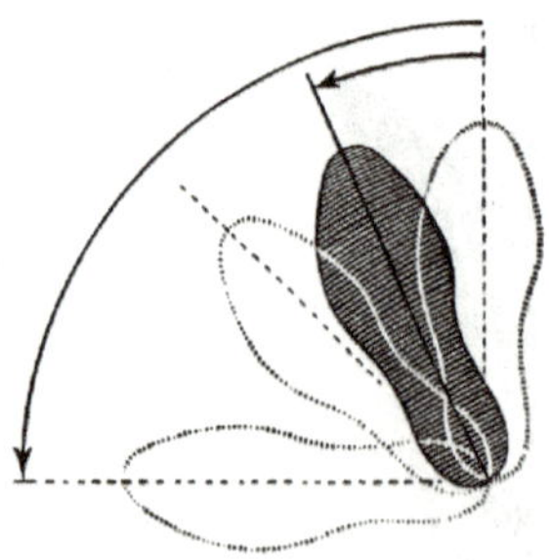

Wenn wir die Füße so stellen, befinden wir uns in der idealen Stellung, um den Schläger, der sich im Abschwung dem Ball nähert, in der Richtung weiterzuschwingen, wohin der linke Fuß weist. In der Tat kann man allein aus seinem Stand erkennen, wohin ein Spieler zielt. (Die meisten Golflehrer drücken sogar den Körper etwas in Richtung auf das Loch zu). Beim Anblick eines Spielers hingegen, der beide Fußspitzen gleichmäßig nach außen dreht, fragen wir uns unwillkürlich: „Wie will der Gute eigentlich schlagen, rechtshändig oder linkshändig?" – denn aus seinem Stand läßt es sich nicht ersehen.

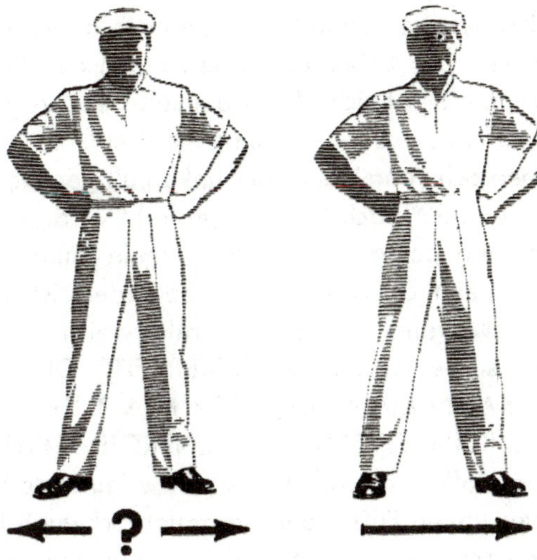

Die richtige Fußstellung bewirkt mancherlei, was uns in seiner Bedeutung erst im weiteren Verlauf unserer Überlegungen klar werden wird. ERSTENS IST ES NUN BEIM AUFSCHWUNG MERKLICH LEICHTER, DIEJENIGEN MUSKELN ZU FÜHLEN UND EINZUSETZEN, DIE DEN SCHWUNG EINLEITEN SOLLEN. ZWEITENS REGELT DER RICHTIGE STAND AUTOMATISCH, WIEWEIT DER SPIELER DIE HÜFTEN AUFDREHEN KANN UND SOLL. Dieser Stand erlaubt es, die Hüften genügend aufzudrehen und verhindert, daß sie zu weit aufgedreht werden. Wenn der linke Fuß nicht etwas nach außen weist, geht die Hüftdrehung leicht über das wünschenswerte Maß hinaus. Das geschieht ebenso, wenn der rechte Fuß nach außen gedreht wird, anstatt rechtwinklig zur Schlagrichtung zu stehen.

Ob die Hüftdrehung stimmt, läßt sich leicht prüfen: bei richtigem Stand soll die Gürtelschnalle, wenn die Hüften voll aufgedreht sind, nach der Spitze des geradeaus gerichteten rechten Fußes zeigen; bei einem Stand mit nach außen weisender rechter Fußspitze werden die Hüften viel zu weit aufgedreht, und die Gürtelschnalle zeigt mehr oder weniger in die dem Loch entgegengesetzte Richtung.

Drittens beeinflußt der Stand auch sehr erheblich den Abschwung. Wird beispielsweise die rechte Fußspitze nach außen gedreht, ist es ungleich schwerer, den Schläger an und durch den Ball zu schwingen, denn der Spieler ist sich gleichsam selbst im Wege – er hat ein Hindernis aufgebaut, das er nun umgehen muß. In anderer Weise erschwert es den Schwung, wenn der linke Fuß geradeaus weist und nicht um jene rund 22° nach links aufgedreht wird. Ich habe jedenfalls die Erfahrung gemacht, daß dann mein linkes Bein, ja mein ganzer Körper beim Durchschwingen behindert ist, und ich empfinde eine Bremswirkung, wo sich doch alles weich und fließend vorwärtsbewegen sollte. STEHT ANDERERSEITS DER LINKE FUSS RICHTIG, SO KANN MAN MIT ALLER KRAFT DURCH DEN BALL SCHWINGEN. KEIN QUENTCHEN ENERGIE GEHT VERLOREN.

Die Tatsache, daß eine scheinbar so unbedeutende Einzelheit wie die Stellung des linken Fußes den gesamten Schwung beeinflußt, ist eine der vielen Merkwürdigkeiten dieses eigenartigen Spieles. Die

Eine falsche Stellung des linken Fußes zeitigt oft böse Folgen: das linke Knie beugt sich vorwärts; das rechte Bein schwankt nach außen; die Hüften drehen sich zu stark; der linke Arm knickt ein, und gleichzeitig werden die Schultern zu einer zu weiten Drehung gezwungen.

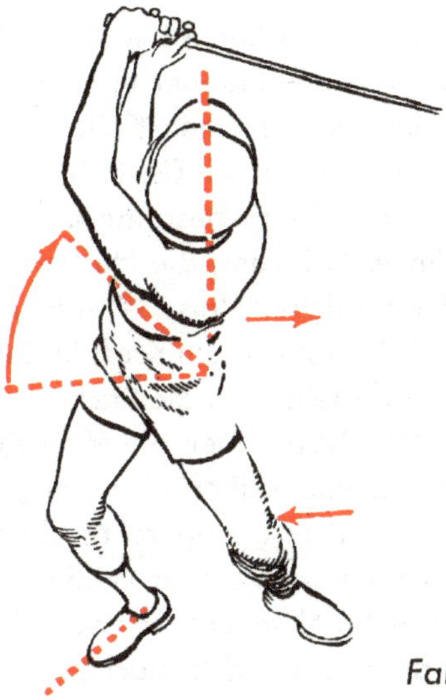

Falsch

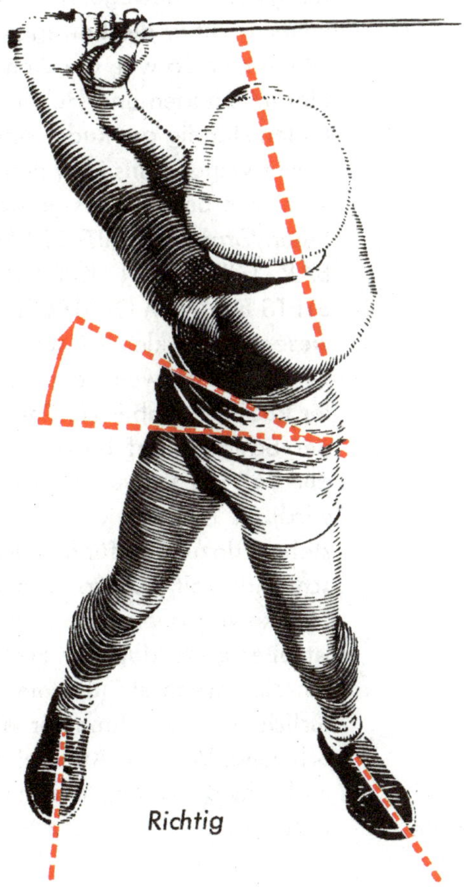

Richtig

Erklärung dafür liegt auf anatomischem Gebiet. Wenn wir auch in diesen Fragenkomplex nicht näher eindringen wollen, so wäre doch zu sagen, daß gewisse Muskeln des Körpers miteinander in Verbindung stehen. Die Bewegung einer Muskel einer solchen Kette aktiviert daher andere Muskeln. Es gibt nun einige, die im Golfschwung tätig sein sollen, und es gibt andere, denen keine besondere Aufgabe zufällt. Wenn etwa ein Spieler im Aufschwung die Hüften zu weit aufdreht, kann er sie nicht auf natürliche Weise – nämlich durch die Hüften selbst – zurückdrehen. Was tut er? Um Kraft in den Schlag zu legen, bedient er sich eines Körperteils, den die Sache gar nichts angeht, nämlich der rechten Schulter. Nun haben die Muskeln für gewisse Bewegungen ein Gedächtnis, und daher ist es ungeheuer wichtig, die Bewegungen von Anfang an richtig zu machen. Wenn man so will, gleichen die Körperfunktionen einem Wildwestfilm mit Helden und Heldinnen: wird das Spiel so geführt, daß die Guten ständig am Ruder sind, können die Bösen nichts machen!

Wir wenden uns jetzt den Armen zu. Während des Schwunges ist einer von beiden stets gerade, d. h. völlig gestreckt. Das hat seinen guten Grund. DAMIT DER SCHLÄGER IM SCHWUNG DEN DENKBAR GRÖSSTEN KREISBOGEN BESCHREIBEN KANN, MUSS STETS EIN ARM GESTRECKT SEIN. Der Radius des Schwunges wird wesentlich verkleinert, wenn man beim Aufschwung den linken oder beim Durchschwung den rechten Ellenbogen beugt. Ein verkleinerter Radius hat aber zur Folge, daß die Strecke verkürzt wird, worauf der Schlägerkopf beschleunigt werden kann. (Und natürlich fliegt der Ball um so weiter, je schneller der Schlägerkopf geschwungen wird). Es ist das nicht anders als beim Beschleunigen eines Autos: stehen dazu nur fünfzig Meter zur Verfügung, kann die Endgeschwindigkeit nicht so hoch werden, wie wenn der Wagen auf einer Strecke von zweihundert Metern beschleunigt werden kann. Wichtig ist aber auch, daß der Schlägerkopf stets den gleichen Bogen beschreibt, wenn ständig ein Arm gestreckt ist. Dadurch steigen natürlich die Aussichten für einen gleichbleibenden, wiederholbaren Schwung. Wer die Arme einknickt, wird das einmal stärker und einmal schwächer tun, und entsprechend ändert sich seine Schwungkurve.

Der schon beim Ansprechen gestreckte linke Arm bleibt während des Aufschwunges gerade, während der rechte am Ellenbogen einknickt. Beim Abschwung bleibt der linke gerade, und der rechte streckt sich allmählich wieder. Ist der Schlägerkopf etwa dreißig Zentimeter am Ball vorbei, also dort, wo seine Geschwindigkeit

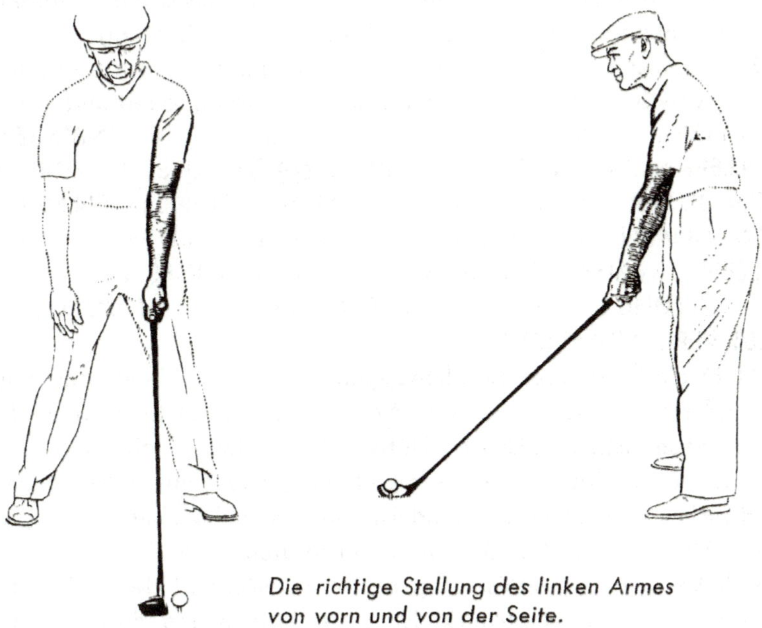

Die richtige Stellung des linken Armes von vorn und von der Seite.

am größten ist, sind beide Arme zum ersten und einzigen Male völlig gestreckt. Unmittelbar danach knickt der linke Ellenbogen ein, und nun ist es der rechte Arm, der bis zum Ende des Ausschwunges gestreckt bleibt. (Da bei ihm alles umgekehrt verläuft, ist der Durchschwung eigentlich ein Spiegelbild des Aufschwunges). Im Idealfall sollte der linke Arm bis zu dem Augenblick, da er nach Treffen des Balles einzuknicken beginnt, wie eine Verlängerung des Schlägerschaftes arbeiten. Das schließt eine gewisse Beweglichkeit des scharnierähnlichen linken Handgelenkes nicht aus. Es ergibt sich daraus, daß der linke Arm bei aller Gestrecktheit weder am Ellenbogen noch am Handgelenk blockiert werden darf. Er ist und bleibt ein menschlicher Arm und nicht das Glied eines Roboters. Golf ist ein Spiel der Entspannung; Steifheit ist weder nötig noch erwünscht.

Im Schwung bilden die Arme die Verbindung zwischen Körper und Schläger. Je dichter aneinander man sie hält, desto mehr werden sie zur Einheit und festigen dadurch den ganzen Schwung.

Es ist zweckmäßig, die Oberarme gegen die Brust zu pressen. Ich selbst verstärke diesen Druck derart, daß schon allerhand Kraft aufwenden müßte, wer sie losreißen wollte. DIE ELLENBOGEN SOLLEN NACH INNEN UND NICHT NACH AUSSEN GEDREHT SEIN. BEIM ANSPRECHEN WEIST DER LINKE ELLENBOGEN NACH DEM LINKEN UND DER RECHTE NACH DEM RECHTEN HÜFTGELENK. WÄHREND DES GANZEN SCHWUNGES SOLL MAN DAS GEFÜHL HABEN, DASS UNTERARME UND HANDGELENKE FEST VERBUNDEN SIND.

Noch ein Wort über die Ellenbogen. Sie sollen weitgehendst aufeinander zu gedrückt werden. Wenn man das tut (und wenn die Ellenbogen richtig nach den Hüftknochen zeigen) sieht man, daß die kleinen Mulden in den Armbeugen genau „mittschiffs" liegen und nicht aufeinander zu, sondern zum Himmel weisen. Es ist gut, diese Stellung von Zeit zu Zeit zu überprüfen. Beim Ansprechen ist der linke Arm verhältnismäßig gestreckt, während der rechte am Ellenbogen leicht eingeknickt ist. Beim Aufschwung darf sich der rechte Ellenbogen nicht wie ein Flügel vom Körper abspreizen; wenn er schon beim Ansprechen richtig gestellt worden ist, wird er sich dicht am Körper zusammenfalten. Während der ersten Hälfte des Aufschwunges darf sich der rechte Ellenbogen überhaupt nur ganz wenig bewegen, und wenn er einknickt, muß er nach dem Boden weisen. Das ist um so leichter zu erreichen, je dichter der rechte Oberarm an der Brust liegt.

Alle weiteren Bewegungen werden sehr erleichtert, wenn die Arme schon beim Ansprechen richtig gestellt gewesen sind. Nach einiger Zeit führen sie wie eine Maschine immer wieder den völlig

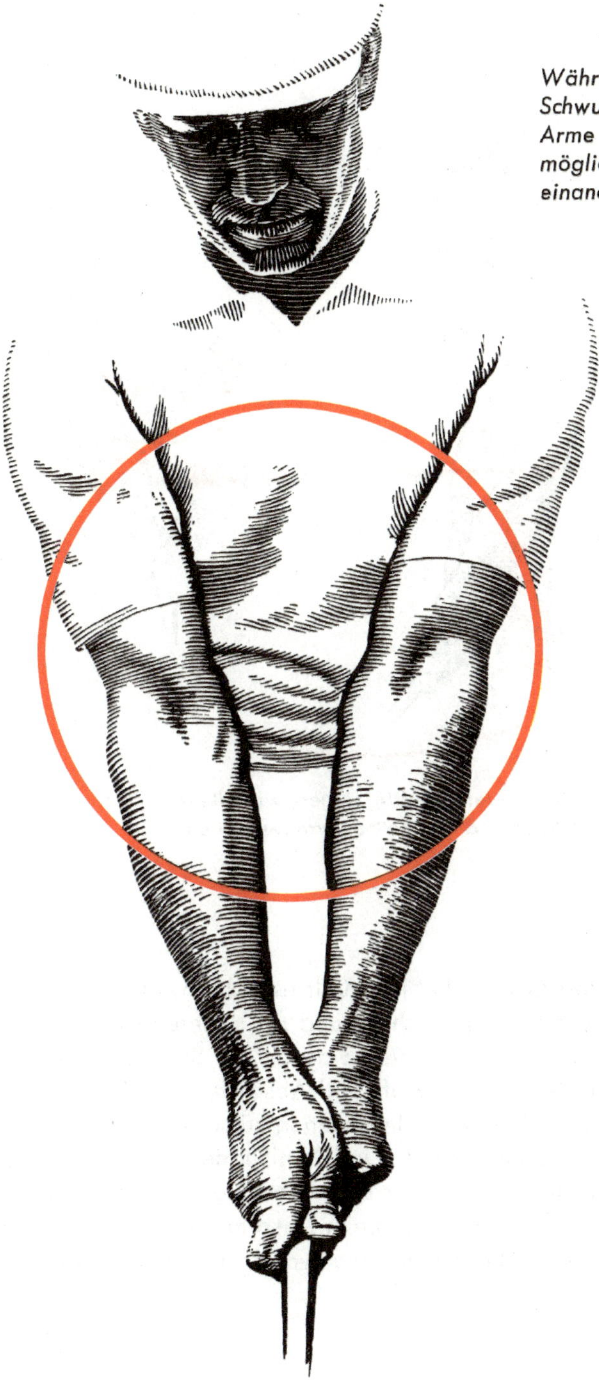

Während des ganzen Schwunges müssen die Arme und Ellenbogen möglichst dicht beieinander bleiben.

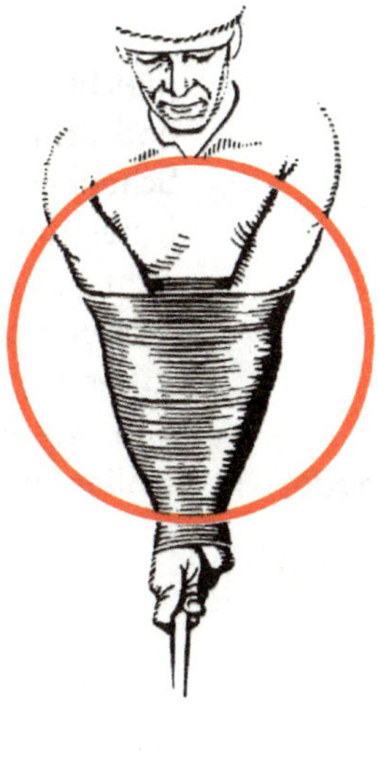

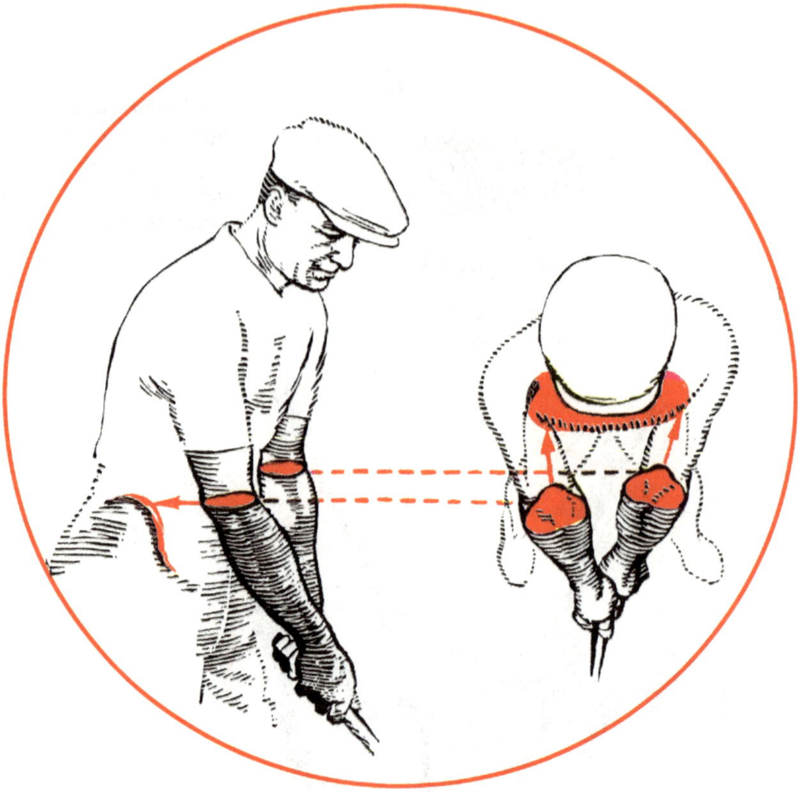

Die beiden Schnitte zeigen, wie Ellenbogen und Hüften zueinander stehen.

gleichen Schwung aus. Schließlich fühlt es sich an, als wären Arme und Schläger zusammengewachsen und als bildeten sie die beiden Schenkel eines Dreiecks mit einem Stab an der Spitze. Immer deutlicher fühlen die Arme beim Auf- und Abschwung, daß sie auf der richtigen Bahn sind. Die Muskeln scheinen zu sagen: „Nun muß der Schwung stets völlig gleich sein!" Und damit haben sie durchaus recht.

Ehe wir dieses Kapitel mit der Beantwortung der Frage abschließen, wie weit Körper und Beine beim Ansprechen gebeugt werden, wollen wir noch kurz den so viel angewandten und ebenso oft miß-

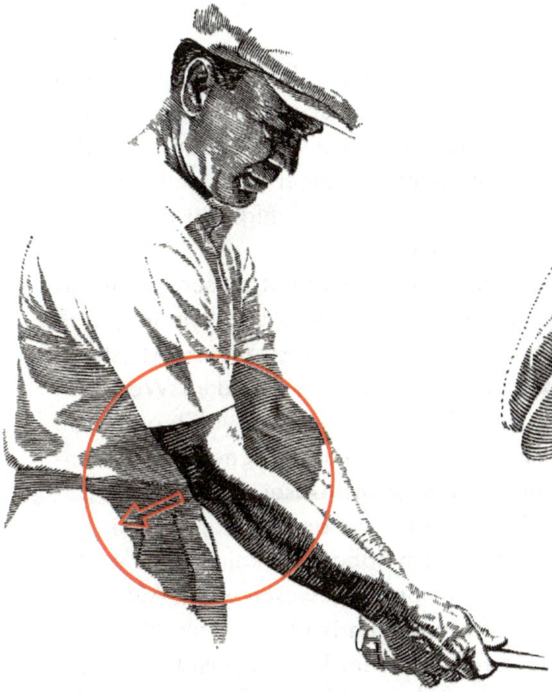

Wenn der rechte Ellenbogen beim Adressieren auf den rechten Hüftknochen weist, wird er im Aufschwung richtig einknicken.

Beim Adressieren weist der linke Ellenbogen genau auf den linken Hüftknochen.

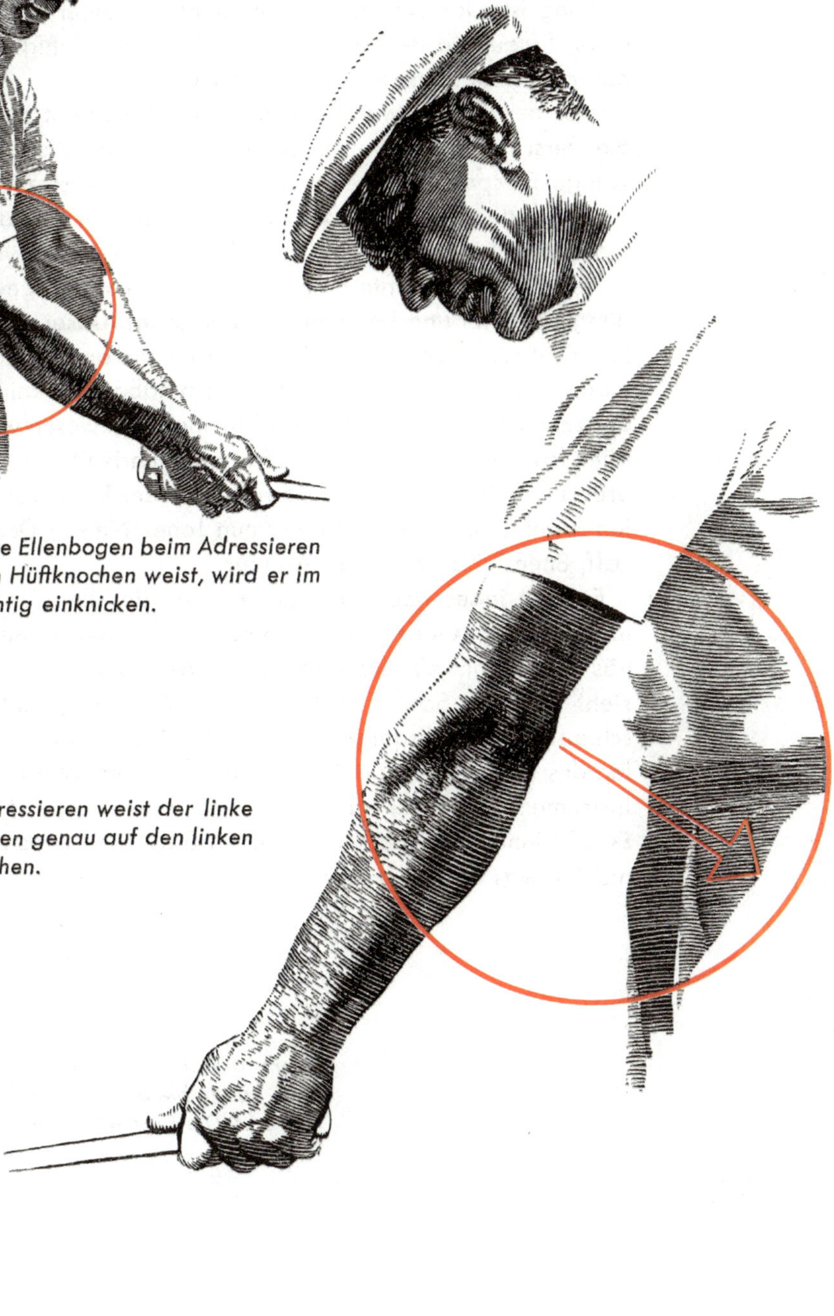

brauchten Begriff der Entspannung streifen. Ich glaube, daß eine richtige Entspannung im Golf schwerer ist als in anderen Sports, jedenfalls schwerer als in der Leichtathletik, wo man ständig in Bewegung ist. Der Golfschwung beginnt aus einer Ruhestellung, und schon lange ehe der Golfer am Ball ist, beunruhigt ihn die Frage, ob er diesmal alles richtig machen wird.

Wer den Golfschwung begriffen hat, begegnet dieser Frage auf die verschiedenste Weise. Zunächst hilft ihm die Erkenntnis, daß völlige Entspannung weder erreichbar noch erstrebenswert ist. So ist nichts dagegen zu sagen, wenn ein Spieler auf dem Weg zum Golfplatz etwas erregt ist. Das sollte er sein – es ist völlig natürlich. Er will sich in ein Unternehmen stürzen, das eine gewisse Anstrengung bedeutet und Konzentration verlangt. Unser Spieler kann daher nicht erwarten, so entspannt zu sein wie am Abend, wenn er gemütlich vor dem Fernsehschirm sitzt. Ich habe noch keinen Spieler der Spitzenklasse gekannt, der ganz entspannt gewesen wäre. Auf ihnen allen lastet stets der Druck des bevorstehenden Wettspiels. Natürlich drückt sich die Spannung entsprechend dem Temperament bei einem jeden verschieden aus, heiße er nun Jones, Nelson, Demaret, Middlecoff, Snead, Sarazen oder Armour.

Es gibt indes noch eine andere Art der Entspannung, und ich möchte sie im Gegensatz zur passiven die aktive nennen. Wie nervös auch immer ein Klassespieler im Wettspiel ist – wenn er am Ball steht und zum Schlag ausholt, ist er aktiv entspannt. Er ist weder schlapp noch verkrampft. Er fühlt eine Federspannung in allen Teilen des Körpers, die am Schlag beteiligt sind. Wie die Musiker ihre Instrumente, so stimmen diese Spieler ihren Körper für den Schlag. Es hilft ihnen dabei die Tatsache, daß es hier etwas zu tun gilt und nicht, etwas zu unterlassen.

Seite

50

Wenn der Spieler in die Hocke geht, und die Knie beugt, bleibt sein Rumpf verhältnismäßig aufrecht. Die Knie weisen einwärts.

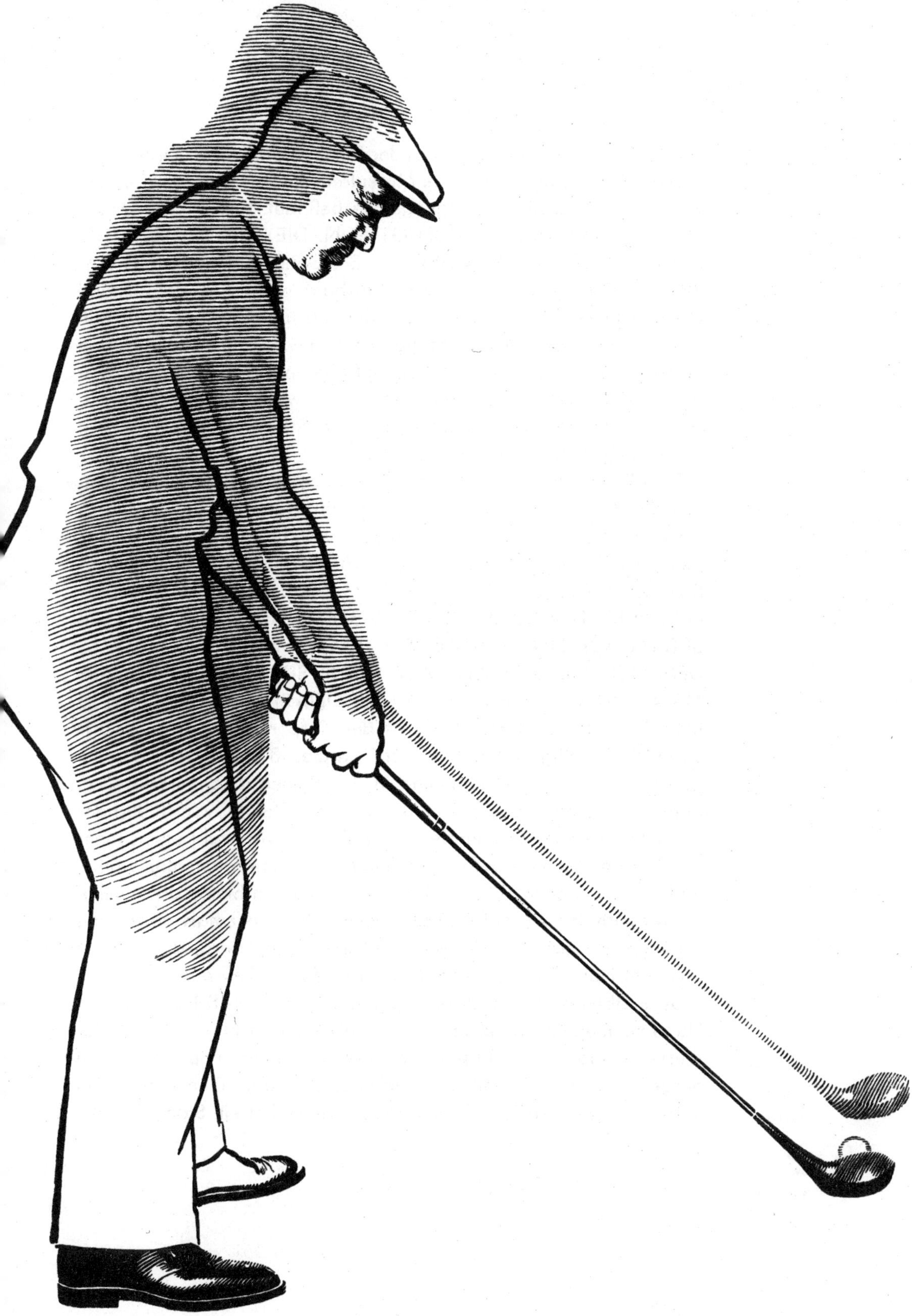

Gleich dem Meister kann auch der Durchschnittsspieler lernen, sich so aufzubauen, daß sich seine Muskulatur in der dem betreffenden Schlag entsprechenden Ausgangslage befindet. VOR ALLEM MÜSSEN DIE KNIE LEICHT GEBEUGT SEIN. DIE BEINE SOLLEN GELOCKERT SEIN, MÜSSEN ABER EINE GEWISSE SPANNUNG HABEN. Wer das begriffen hat, merkt alsbald, wie sich dieser Zustand einer gelockerten Spannung auf den übrigen Körper überträgt. Haben wir die Knie etwas gebeugt, können wir Schultern und Hüften mühelos einsetzen, werden überhaupt alle unsere Bewegungen weicher und harmonischer. Daher kommt es wohl auch, daß Klassespieler so oft erklären, dann am besten im Schlag zu sein, wenn ihre Beine „angriffsfreudig" sind.

Zum Einnehmen einer richtigen Ansprechstellung gehört ein Senken des Körpers aus seiner üblichen aufrechten Haltung. Dadurch wird die Standfestigkeit beim Schlag wesentlich erhöht. Die Hüften bleiben unbeteiligt, wenn sich der Körper durch das Beugen der Knie senkt. DIE KNIE WERDEN VOM OBERSCHENKEL AUS EINGEKNICKT. DER RUMPF BLEIBT DABEI SO AUFRECHT WIE BEIM SETZEN AUF EINEN STUHL. DIE BEWEGUNG ÄHNELT ETWAS DEM SICH-NIEDERLASSEN AUF EINEN SITZSTOCK, NUR DASS MAN ETWA FÜNF ZENTIMETER ÜBER DEM SITZ IN DER SCHWEBE BLEIBT. In dieser Hockstellung ist der Körper vorwärts, rückwärts und seitlich völlig im Gleichgewicht. Im Gesäß empfindet man eine gewisse Schwere. Die Spannung in den Beinen ist am stärksten in den Unterschenkeln. Dort muß man das Gefühl von federnder Kraft, von elastischer Energie haben. Das Gewicht ruht etwas mehr auf den Absätzen als auf den Ballen, so daß man, wenn man wollte, im Schuh die Zehen anheben könnte. Der Rücken bleibt, das möchte ich wiederholen, so aufrecht wie beim Gehen. Niemals dürfen die Schultern einsacken. Und wenn der Kopf gebeugt wird, so geschieht das vom Hals und nicht von Schultern oder Rücken aus.

Beim Üben dieser Hockstellung sollte man einen Schläger in die Hand nehmen und ganz so tun, als wollte man richtig schlagen. Solange man noch aufrecht steht, schwebt der Schlägerkopf bei normal ausgestreckten Armen etwa 10 cm über dem Ball. Geht man dann in die Hocke – der Rumpf sinkt dabei wie ein Lift ein Stockwerk tie-

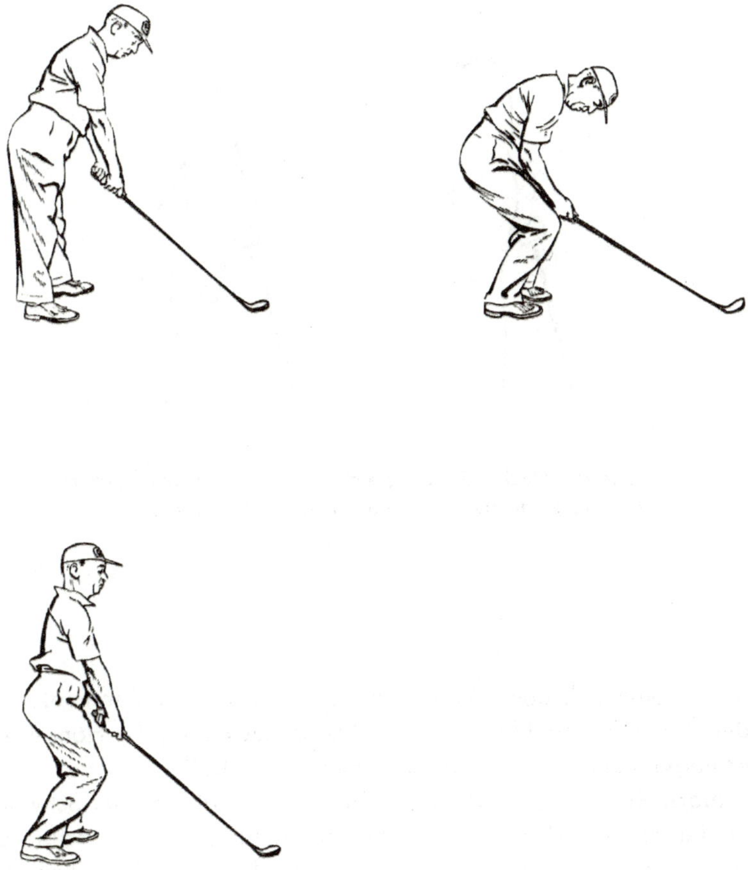

Die Durchschnittsgolfer verstehen oft nicht, daß falscher Stand oder falsche Haltung weitgehend den Erfolg eines Schlages entscheiden. So muß der Spieler das Gleichgewicht verlieren, wenn er die Beine steif macht, die Knie einsacken läßt oder die Schultern weit über den Ball beugt.

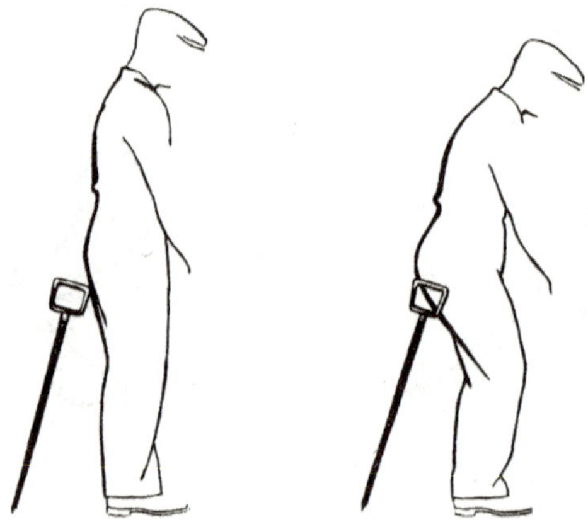

Das In-die-Hocke-Gehen gleicht dem Senken des Körpers (um etwa 5 cm) beim Setzen auf einen Sitzstock.

fer –, senkt sich der Schläger, bis er zwei bis vier Zentimeter über dem Ball schwebt. Nun noch eine kleine Bewegung der Hände – und er liegt an seiner richtigen Stelle hinter dem Ball.

Noch ein Wort über die Knie. Sie müssen während der Schwunges „aufeinander zu" arbeiten. Daher empfiehlt es sich, sie schon beim Ansprechen leicht einwärts zu stellen. Ich halte das für sehr wichtig, denn man braucht die Knie dann späterhin kaum noch zu bewegen und kann sich ganz auf anderes konzentrieren.

Im Zweifel sollte das rechte Knie etwas stärker eingedreht sein als das linke. Es ist dann von Anfang an „betriebsfertig", es bildet ein Bollwerk und verhindert, daß der Körper im Aufschwung nach rechts schwankt. Andererseits ist das Knie dann auch schon in der richtigen Stellung für den späteren Abschwung, für den Augenblick also, da die in rechter Hüfte und rechtem Bein mobilisierten Kräfte auf den Ball losgelassen werden. Weist das Knie beim Ansprechen geradeaus oder gar nach rechts, so kann man es wohl im Verlauf des

Schwungs durch eine weitere Bewegung noch in die richtige Stellung bringen, doch wozu soll man die Sache unnötig komplizieren? – Und was das linke Knie anbelangt, so bietet auch da eine leicht x-beinige Stellung die beste Gewähr dafür, daß sich das linke Bein bei Auf- und Abschwung richtig verhält.

Zusammenfassend möchte ich sagen: nur bei einem richtigen Stand sind Rumpf, Arme und Beine ausbalanciert und in der Lage, die ihnen im Schwung obliegenden Aufgaben zu erfüllen. Nur dann sind auch diejenigen Arm- und Beinmuskeln gespannt, die beim Schlag eingesetzt werden. Man merke sich: DIE GOLFMUSKELN LIEGEN AN DEN INNENSEITEN DER ARME UND BEINE.

Wenn ich dieses Kapitel überlese, muß ich einräumen, daß das Erlangen eines richtigen und verläßlichen Schwunges eine langwierige und mühsame Angelegenheit zu sein scheint. Das ist aber nur bedingt wahr. Wer die Sache richtig anfaßt, kommt viel eher ans Ziel, als er zunächst glaubt. Etwas Geduld allerdings ist unerläßlich. Sowenig man sich ungeschult ans Klavier setzen und den Fledermaus-Walzer spielen kann, sowenig kann man auch im Golf etwas werden, wenn man die Grundlagen des Schwunges nicht beherrscht. Den Griff und den richtigen Stand von Körper und Beinen zu lernen ist letztlich nicht viel anders als das Üben von Tonleitern.

Dieser Vergleich gefällt mir überhaupt: täglich übt man einige Dinge und erlangt dadurch eine sichere Grundlage. Sobald etwas „sitzt“, geht man zu fortgeschritteneren Dingen über und steigert so von Tag zu Tag das Können.

Man kann auch daheim üben, und das ist doppelt lustig, wenn man es zu zweit macht, mit Frau, Sohn oder einem Freund. Dann kann einer den anderen beobachten und auf Fehler aufmerksam machen; es ist aber eine alte Weisheit, daß man beim Unterrichten selbst am meisten lernt. Wer hingegen alles lieber allein macht, tut gut daran, sich beim Üben vor einen großen Spiegel zu stellen, in dem er seine Fehler sehen kann.

Wie auch immer man übt, eines darf man nie vergessen: das Ziel ist ein verläßlicher Schwung und nicht einer, der lediglich flott aussieht. Ich behaupte von mir nicht, einen vorbildlichen, einen makellosen Schwung zu haben; aber ich glaube doch zu wissen, woraus

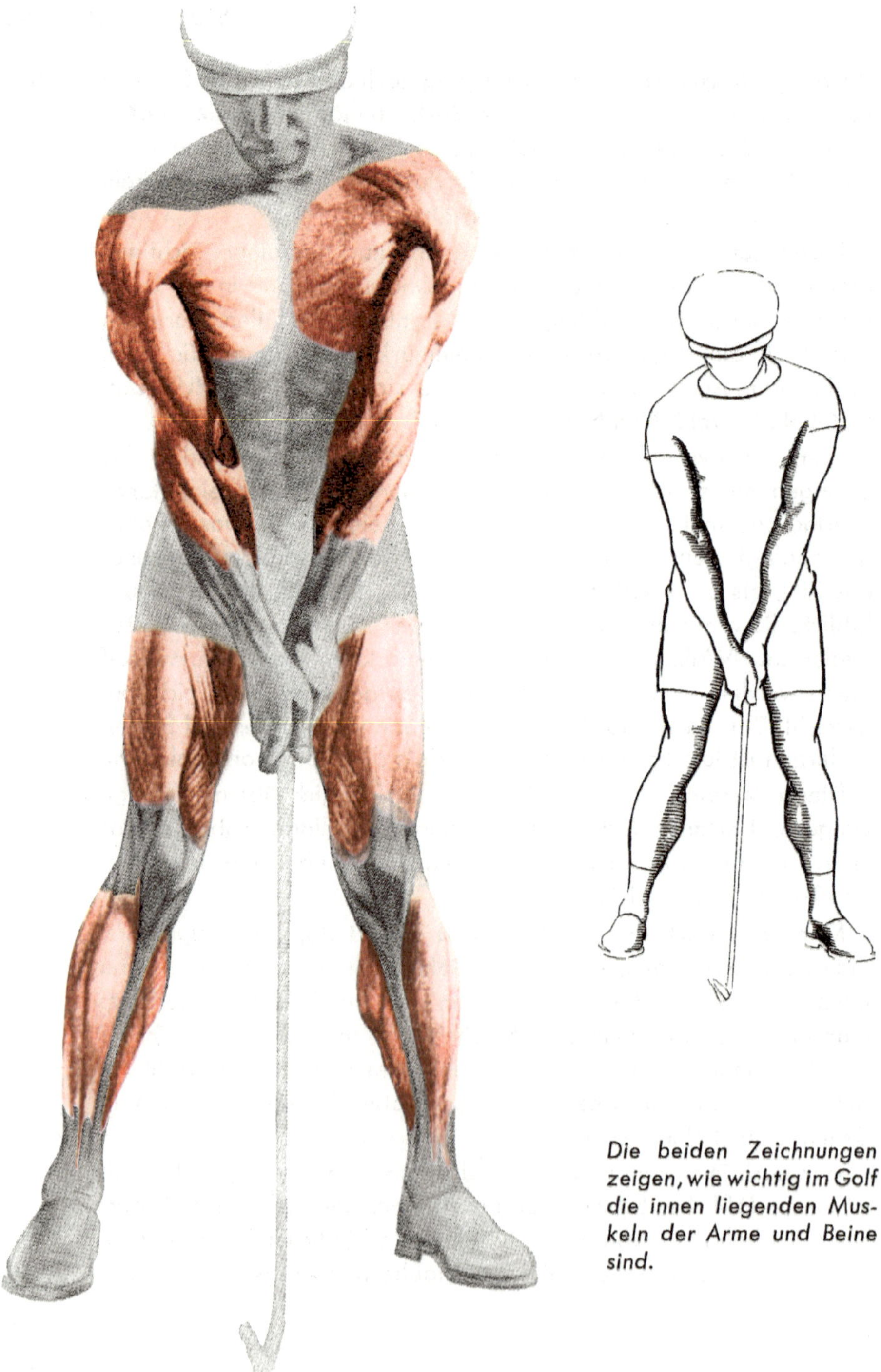

Die beiden Zeichnungen zeigen, wie wichtig im Golf die innen liegenden Muskeln der Arme und Beine sind.

Kopf bequem vorgebeugt . . .

Linker Arm ganz gestreckt . . .

Rechter Arm leicht gebeugt . . .

Beide Ellenbogen weisen
auf die Hüftknochen . . .

Arme möglichst nahe beieinander . . .

Knie einwärts gerichtet . . .

Rechter Fuß rechtwinklig
zur Spielrichtung . . .

Linker Fuß um eine Viertel-
drehung aufgedreht . . .

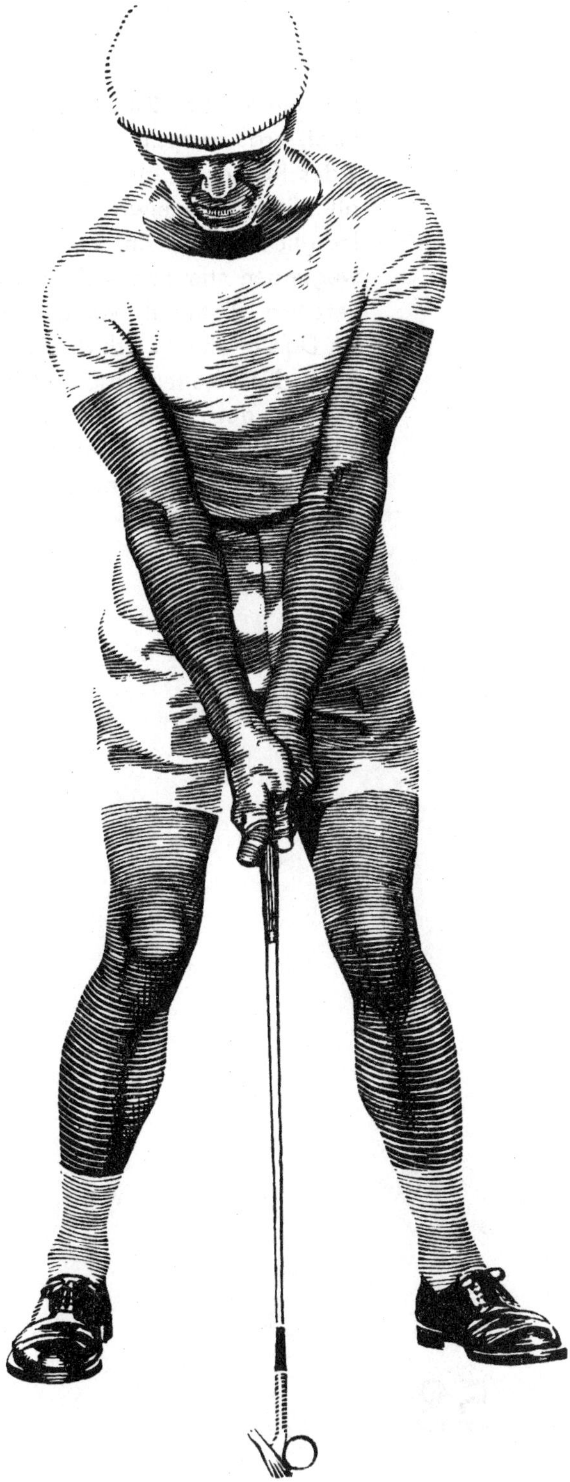

sich ein solcher Schwung zusammensetzt. Wer nach diesem Buch lernt, braucht nicht sklavisch meinen Schwung nachzuahmen, denn jeder Körper ist anders gebaut, und in Einzelheiten werden daher alle Schwünge etwas voneinander abweichen müssen. Es kommt lediglich darauf an, daß die grundlegenden Stellungen und Bewegungen stimmen – dann folgt der richtige Schwung von selbst. Letztlich ist stilvoll, was wirkungsvoll und wirkungsvoll, was stilvoll ist. Darum ähneln sich die Schläge aller guten Spieler: trotz persönlichen Eigenheiten geschieht im Grunde stets das gleiche. Daher ist es wohl auch mehr oder weniger Zufall, wenn sich ein Golfer so entwickelt, daß sein Stil dem etwa eines Harry Cooper oder eines Macdonald Smith ähnelt. Aber wenn dem so ist – kann unser Freund ganz zufrieden sein.

3

Des Schwunges erster Teil

Viele Berufsspieler widmen fast ihre ganze Zeit dem Unterricht. Im Gegensatz zu diesen „Club-Pros" stehen diejenigen, die von einem Wettspiel zum anderen ziehen. Schließlich gibt es einige wenige Berufsspieler, die beides vereinen, aber das sind die Ausnahmen, denn wer bei der starken Konkurrenz in Wettspielen erfolgreich bestehen will, muß jede freie Minute der Erhaltung seiner Form widmen. Auch im Golf herrscht heute der Spezialist.

Das gilt jedenfalls für mich. Wettspiele und die Vorbereitung auf sie füllen mich und meine Tage voll aus. Weit davon entfernt, Zeit für Unterricht zu haben, bedaure ich stets, daß der Tag nicht mehr Stunden zum Üben und Vorbereiten hat.

Ich frage mich manchmal, ob ich bei genügend freier Zeit ein erstklassiger Lehrer geworden wäre. Ich weiß es wirklich nicht. Sicher habe ich dafür nicht das Temperament der „geborenen" Lehrer, der Harry Picard, Claude Harmon und Al Watrous, die zu ihrer Zeit auch im Spiel Meister waren. Dennoch glaube ich, daß auch mein Unterricht seinerzeit nicht schlecht war, sofern der Schüler wirklich Interesse zeigte. Als ich im Anfang meiner Laufbahn Golflehrer des Century Country Club in Purchase, N. Y. war, gab ich viel Unterricht. Zurückblickend glaube ich, daß meine Einstellung schon damals richtig war. Es hat wenig Zweck, dem Schüler lediglich seine Fehler zu sagen: man muß ihm erklären, was richtig ist, warum man so schwingt und welche Folgen es hat. So lange muß man das alles einhämmern, bis es der Schüler wirklich verstanden hat.

Der Erfolg des Lehrers hängt natürlich vom Lerneifer und der Energie des Schülers ab. Mitglied meines Clubs war damals ein junger Kaufmann namens Fred Ehrman, der beides in hohem Maße hatte. Wir haben ausgezeichnet zusammen gearbeitet. Im April ging er noch in den Neunzigen herum, doch fünf Monate später spielte er in den Siebzigen und gewann die Clubmeisterschaft. Sein Sieg war kein Zufall, denn im folgenden Jahr verbesserte er sein Spiel weiter, auch wenn er in der Meisterschaft von Carl Loeb jr. geschlagen wurde. Das alles geschah in den Jahren 1938 und 1939.

Wenn man auch im Golf nie zu lernen aufhört, so glaube ich doch schon damals die Grundpfeiler des Schwunges erkannt zu haben. In der Zwischenzeit hat sich mein Wissen wesentlich vertieft. Obgleich mir schon 1939 klar war, worauf es ankam, hätte ich damals die Zusammenhänge nur schwer zu erklären vermocht. Etwa vom Jahre 1946 an habe ich dann die Dynamik des Golfschwunges wirklich begriffen.

Da ich 1946 auch anfing, wichtige Meisterschaften zu gewinnen, schien mir der Beweis erbracht, daß meine Erkenntnisse richtig waren. Die Sache klappte, die Prüfung war bestanden. Das ist nicht immer so, denn oft versagt unter Druck, was sonst ein recht ansprechender Schwung zu sein scheint. Manchmal ist daran des Spielers Temperament schuld, denn nicht jedermann ist für den Kampf geschaffen. Viel öfter aber offenbart das erbarmungslos grelle Licht des Wettspieles, daß ein nett aussehender Schwung in wesentlichen Punkten fehlerhaft ist. Nur ein völlig richtiger Schwung kann

Nach einem richtigen Aufschwung stehen am Wendepunkt Beine, Hüften, Schultern, Arme und Hände so zueinander, daß sie in kraftvoller Zusammenarbeit den entscheidenden Teil des Schlages, den Abschwung, beginnen können.

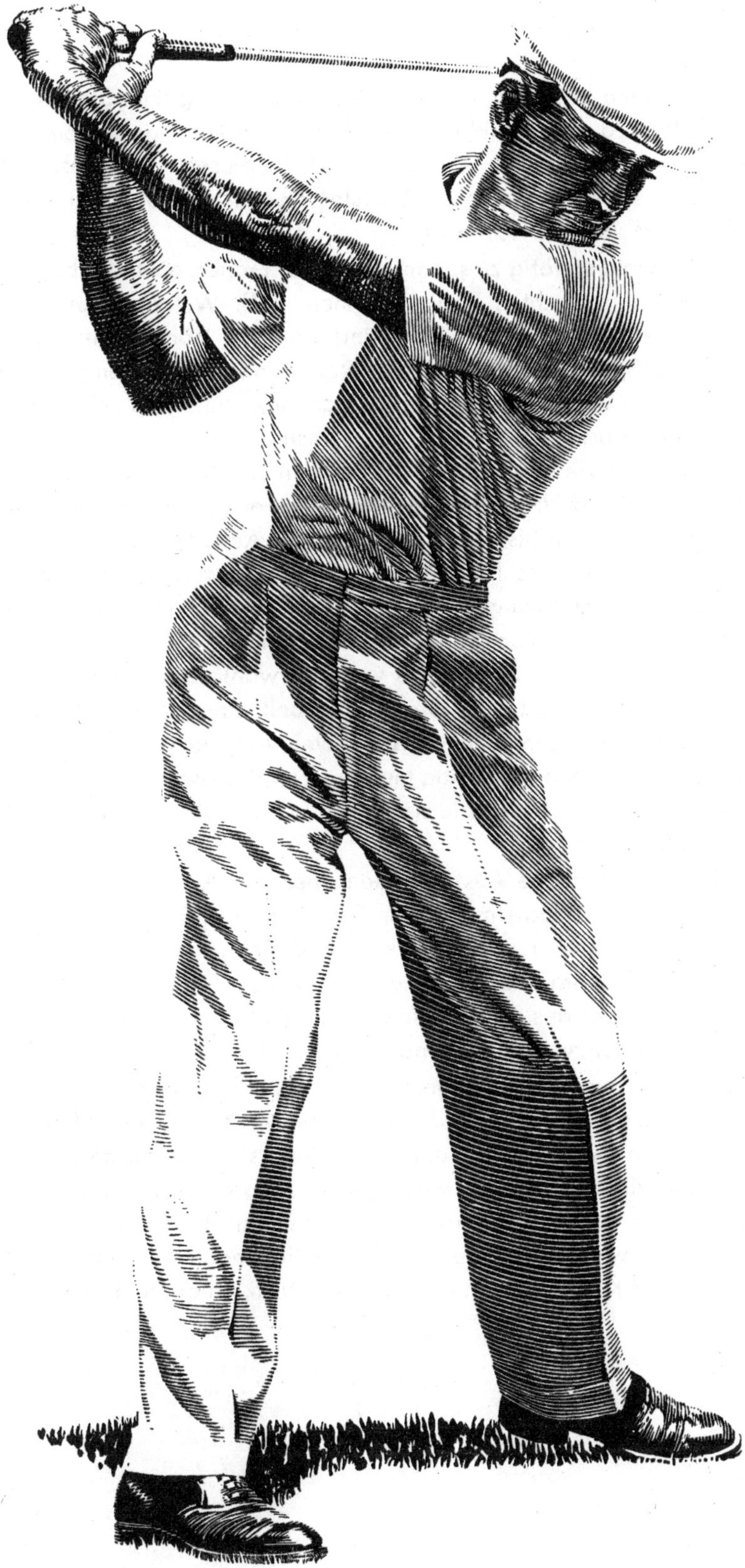

eine Prüfung bestehen, die tagelang, wochenlang, monatelang wiederholt wird. Ein erstklassiger Schwung arbeitet um so besser, je stärker der Druck ist. Was immer ich in diesem Buch beschreibe, hat sich im Schmelztiegel schärfster Konkurrenz bewährt. Darum glaube ich, daß es richtig ist.

Es ist wohl unnötig zu sagen, daß jeder Golfer, auch der beste, mit guten und schlechten Tagen rechnen muß. Wir sind nun einmal Menschen, und niemand kann ständig auf der Höhe seines Könnens sein. Ein Spitzenspieler mag eine Reihe von Wettspielen gewinnen, aber eines Tages geht er doch wieder leer aus, weil seine großen Gegner gerade in Hochform gewesen sind.

Man kann die Grundlagen des Golfs in vier Abschnitte zusammenfassen: 1. Griff, 2. Stand und Haltung, 3. erster Teil des Schwunges (vom Ansprechen bis zum Höhepunkt des Aufschwunges), 4. zweiter Teil des Schwunges (vom Beginn des Abschwunges bis zum vollendeten Durchschwung). In diesem Kapitel werden wir uns nun über den ersten Teil des Schwunges unterhalten.

Diese Phase des Schwunges verlangt wohl neben etwas Instinkt, Organisationstalent und Gedankenarbeit eine gewisse Muskelbeherrschung, doch im Grunde ist sie weit weniger kompliziert, als es zunächst scheinen mag. Man muß nur einige Bewegungen geistig erfassen und auszuführen lernen. Hier beginnt der eigentliche Golfschlag.

Ich möchte meine Ausführungen über den Aufschwung (und den Schwung überhaupt) mit dieser Feststellung einleiten: ist die Ausgangsstellung von Rumpf, Armen und Beinen richtig, kann jeder normal gebaute Mensch die Golfbewegungen lernen. Da im Schwung eines aus dem anderen folgt, muß umgekehrt alles weitere falsch werden, wenn Griff und Stand unrichtig sind.

So wird man bei richtigem Griff beispielsweise die so wichtige aktive Muskelspannung auf den Innenseiten der Arme fühlen; diese Muskeln aber wollen wir einsetzen, denn sie sind mit anderen verbunden, die nicht minder wichtig sind. So greifen die einzelnen Bewegungen ineinander. Nicht anders ist es mit den Beinen. Auch hier brauchen wir die auf der Innenseite liegenden Muskeln zwischen Hüfte und Knöchel. Wenn wir sie einsetzen, knickt zum Beispiel das linke Knie beim Aufschwung zwangsläufig nach rechts ein; es kann einfach nicht geradeaus einknicken und dadurch den Körper wegsacken lassen. Eine falsche Bewegung zeitigt weitere Fehler; eine richtige erleichtert alle folgenden. Wenn man genügend übt, fließen die vielen Einzelbewegungen schließlich zu einer weichen und rhythmischen Gesamtbewegung zusammen. Ein schlechter Schwung ist eine ständige Qual, ein guter ein nie versiegender Quell seelischen und körperlichen Wohlbehagens.

Das Bindeglied zwischen Ansprechen und Aufschwung ist der sogenannte „Waggle“. Wenn ein Golfer am Ball steht, nach dem Ziel blickt und dabei noch einmal den kommenden Schlag überdenkt, pendelt er instinktiv den Schlägerkopf. Vielleicht kann der dafür übliche etwas saloppe Ausdruck „Waggle“ zu dem Glauben verleiten, daß dazu jedes planlose Hin- und Herpendeln genüge und daß es ganz unwichtig sei, wie der Waggle erfolge. Viele Leute glauben, daß der einzige Sinn dieser Phase eine Lockerung der sonst zu angespannten Muskulatur sei. Wer so denkt, mißversteht völlig den Sinn dieser Bewegung. Der Waggle ist im Gegenteil ein außerordentlich wichtiger Teil des Golfschlages. Er ist keineswegs nebensächlich, denn er stellt im Grunde nichts anderes als einen winzigen Probeschwung dar, eine stark gekürzte Ausgabe des Schwunges, der da kommen soll. Beim Pendeln nach rechts macht sich der Spieler bereits mit der Aufschwungkurve vertraut; beim Pendeln nach links prüft er, ob das Schlägerblatt auch wirklich rechtwinklig an den Ball kommt.

Während des Waggles stellt sich der Spieler den kommenden Schlag vor. Sein Gehirn telegrafiert das Bild, das sein geistiges Auge sieht, an die Muskeln, und der Körper richtet sich vollends aus, um diesen Schlag aus dieser Lage zu spielen. Darüber hinaus sammelt der Spieler seine geistigen und körperlichen Kräfte. Die Schultern werden beim Waggle nicht gedreht; die Füße berichtigen kaum merklich ihre Stellung; Hände und Arme aber bewegen sich. Während sie den Schläger pendeln, übertragen sie ihren Rhythmus auf Beine und Füße. Alsbald ist der ganze Körper auf den Rhythmus abgestimmt, in dem sich seine Glieder alsbald bewegen sollen.

Wer mit Verstand pendelt, spielt bereits den kommenden Schlag

„ins Unreine". Ich konzentriere mich dabei oft so intensiv, daß ich meine, der Schlag könne gar nicht anders werden, als ich ihn vor mir sehe. Es ist, als hätte ich geschlagen, noch ehe ich den Aufschwung begonnen habe.

Tonangebend beim Waggle ist die linke Hand; die rechte macht nur mit. BEI JEDEM RÜCKWÄRTSPENDELN SOLL DER RECHTE ELLENBOGEN DIE RECHTE HÜFTE ETWA DORT BERÜHREN, WO SICH AN MANCHEN HOSEN EINE KLEINE UHRTASCHE BEFINDET. GLEICHZEITIG STÜLPT SICH DER LINKE ELLENBOGEN ETWAS VOR, WOBEI SICH DER UNTERARM LEICHT DREHT UND DIE LINKE HAND ETWA ACHT ZENTIMETER NACH DEM LOCH ZU AUSWEICHT. AUCH WENN DER SCHLÄGERKOPF VORWÄRTSPENDELT, BEWEGT SICH DIE LINKE HAND ZWEI BIS VIER ZENTIMETER IN RICHTUNG AUF DAS LOCH ZU. Während des Waggles bleiben die Oberarme dicht am Körper; die Schultern, ich wiederhole es, werden nicht gedreht.

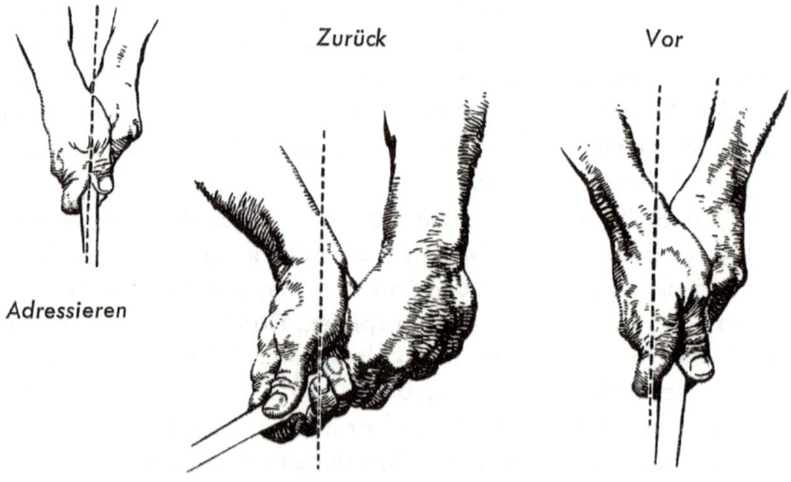

Die linke Hand bewegt sich sowohl beim Zurück- wie beim Vorpendeln am Ball vorbei.

Wenn ein Laie einen guten Golfer bei seinem Waggle beobachtet, könnte er meinen, daß der Meister lediglich eine Nervosität loswerden wolle oder einen festeren Stand suche. Was hier geschieht, ist indes ungemein wichtig: der Spieler stellt sich auf den Schlag ein und koordiniert seine Muskeln. In einem letzten Appell ruft er alle Teile des Körpers an, damit sie sich noch einmal der Bewegungen erinnern, die sie nun ausführen sollen.

Der Rhythmus des Pendelns richtet sich nach dem Schlag. DER WAGGLE DARF NICHT MECHANISCH SEIN. DA EINEN GOLFSCHLAG RICHTIG ZU „SEHEN" UND DANN ENTSPRECHEND AUSZUFÜHREN VOR ALLEM EINE SACHE DES INSTINKTES IST, MÜSSEN AUCH DIE VORBEREITUNGEN INSTINKTIV ERFOLGEN. Nehmen wir an, wir lägen etwa 115 m vor einem etwas erhöhten Grün. Wir beschließen, ein Eisen 7 zu benutzen und den Ball steil ansteigen zu lassen. Wenn wir auch fest schlagen wollen, so streben wir doch einen Ball an, der weich fliegt und federgleich zum Grün hinunterschwebt. Wir pendeln daher sanft und langsam, denn das ist der Rhythmus, den wir für den Schlag anstreben. An einem anderen Loch treiben wir gegen den Wind. Alles kommt auf Länge an, wenn wir mit dem zweiten Schlag das Grün erreichen sollen. Diesmal werden wir viel energischer und schneller pendeln, denn nicht anders wollen wir ja auch schlagen. So ähnelt der Waggle stets dem Schlag, den er vorbereitet.

Das Pendeln ermöglicht uns einen „fliegenden Start". Ohne Pause geht es in den Schwung über. Man kann demnach sagen, daß der Aufschwung lediglich eine Fortsetzung der Bewegung ist, die mit dem Waggle begonnen hat. Weg und Tempo sind dem Schläger durch den Waggle bereits vorgeschrieben. Auf einen wichtigen Unterschied zwischen diesen beiden Bewegungen möchte ich aber doch hinweisen: BEIM WAGGLE DREHEN SICH DIE SCHULTERN NICHT; BEIM AUFSCHWUNG DREHEN SIE SICH VOM ERSTEN AUGENBLICK AN. DER AUFSCHWUNG WIRD DURCH EINE GLEICHZEITIGE BEWEGUNG VON HÄNDEN, ARMEN UND SCHULTERN EINGELEITET. Im Prinzip liegt diese Bewegung seit dem Waggle fest; der Schultereinsatz bewirkt lediglich, daß der Schläger nun weitergeführt wird.

In diesen Lektionen betonen wir immer wieder, daß der Golfschwung eine Bewegungskette ist. Wie die Teile eines Motors greifen die einzelnen Phasen des Schwungs sinnvoll ineinander. Auf eine jede Bewegung folgt zwangsläufig die nächste. Ich muß hierauf immer wieder hinweisen, denn haben wir einmal die Integration von Armen, Schultern und Hüften begriffen, so spielen wir gut Golf – es kann nicht anders sein.

BEIM AUFSCHWUNG LAUTET DIE REIHENFOLGE DER BEWEGUNGEN: HÄNDE, ARME, SCHULTERN UND HÜFTEN. (Beim Abschwung ist die Reihenfolge umgekehrt: Hüften, Schultern, Arme, Hände.) Beim Aufschwung erfolgt der Einsatz der Hände, Arme und Schultern fast gleichzeitig: DIE HÄNDE BEGINNEN NUR DEN BRUCHTEIL EINER SEKUNDE VOR DEN ARMEN, UND DIE ARME NUR DEN BRUCHTEIL EINER SEKUNDE VOR DER SCHULTERDREHUNG. JE MEHR WIR DURCH ÜBEN EIN GEFÜHL FÜR SCHWUNG UND RHYTHMUS ERLANGEN, DESTO INSTINKTIVER FÜGEN SICH HÄNDE, ARME UND SCHULTERN IN DIESEN BEWEGUNGSABLAUF EIN. Der Anfänger braucht nur zu wissen, daß die einzelnen Bewegungen so schnell aufeinander folgen, daß sie praktisch zu einer einzigen zusammenfließen.

Beim Aufschwung sind die Schultern den Hüften stets voraus: die Schulterdrehung beginnt sofort, die Hüftdrehung erst etwas später. KURZ EHE DIE HÄNDE HÜFTHÖHE ERREICHT HABEN, BEGINNEN DIE SCHULTERN DIE HÜFTEN HERUMZUZIEHEN. SOBALD DIE HÜFTEN DIE DREHUNG BEGONNEN HABEN, ZIEHEN SIE DAS LINKE BEIN NACH RECHTS. Diesen Bewegungsablauf wollen wir nun im einzelnen betrachten.

DIE SCHULTERN. Sie sollen möglichst weit gedreht werden, wobei der Kopf natürlich nicht bewegt werden darf. Wenn sie ganz aufgedreht sind, zeigt der Rücken nach dem Loch. (Der besonders gelenkige Sam Snead vermag seinen Rücken sogar noch ein wenig weiter zu drehen. Das ist großartig, denn je weiter der Rücken gedreht wird, desto besser ist es für den Schlag.) Die meisten Spieler sind fest davon überzeugt, eine volle Schulterdrehung zu machen und wären empört, wenn man das bestritte; dennoch ist es Tatsache, daß sich nur sehr wenige Golfer ganz aufdrehen. Die meisten brem-

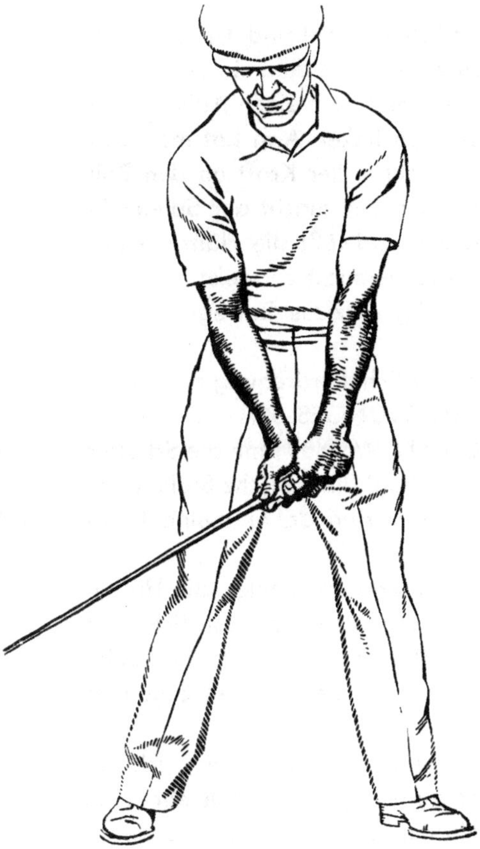

Der Waggle

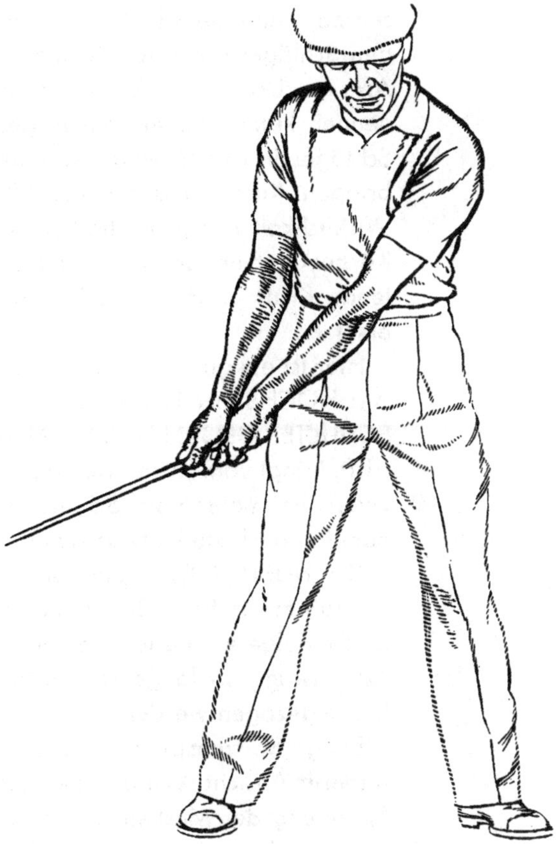

Der Aufschwung

Beim Waggle werden die Schultern nicht gedreht. Der Aufschwung hingegen beginnt mit einer fast gleichzeitigen Bewegung von Händen, Armen und Schultern.

sen ab, wenn die Schultern erst zur Hälfte gedreht sind. Um dennoch den Schläger ganz aufschwingen zu können, knicken sie den linken Arm ein. Das ist falsch – wenn man es überhaupt einen Aufschwung nennen kann. Nur mit einem gestreckten linken Arm hat man den Schläger in der Gewalt und kann ihn mit voller Kraft an den Ball bringen. Knickt er den linken Ellenbogen ein, macht der Spieler in Wirklichkeit nur einen halben Schwung und läßt die Hälfte seiner Körperkraft ungenutzt. Darüber hinaus versucht er meist, die fehlende Kraft durch zusätzliche und völlig nutzlose Bewegungen zu ersetzen.

Hier ist ein gutes Mittel, die Weite der Schulterdrehung zu prüfen: AM HÖCHSTEN PUNKT DES AUFSCHWUNGES SOLL DIE LINKE SCHULTER GEGEN DAS KINN STOSSEN. Wo das Kinn die Schulter trifft, hängt vom Körperbau ab. Bei mir liegt die kritische Stelle etwa zwei Zentimeter vom Schulterende; dort sind daher meine Golfhemden auch stets etwas dünn.

DIE HÜFTEN. Es ist ein häufiger und schwerer Fehler, die Hüften zu früh zu drehen. Gegenüber dem mechanisch richtigen Schwung ist die Folge ein Verlust von Schlagkraft. Richtig ist, die Hüften beim Aufschwung so lange stehen zu lassen, bis sie von den Schultern herumgezogen werden.

Einige Spitzenspieler empfehlen eine weite Hüftdrehung. Ich bin anderer Ansicht. Werden die Hüften zu weit gedreht, entsteht keine Spannung der Muskeln zwischen Hüften und Schultern. Eine Spannung in der Taillengegend ist aber Vorbedingung eines richtigen Abschwunges, der ja dadurch eingeleitet wird, daß sich die Hüften nach links zurückdrehen. Diese Drehung gelingt um so reibungsloser, je mehr die Muskeln zwischen Hüften und Schultern (und die mit den Hüftmuskeln zusammenarbeitenden Oberschenkelmuskeln) gespannt sind. Die Spannung steigt, wenn die Hüften nach links zurückgedreht werden. DADURCH WIRD DER OBERKÖRPER ENTWUNDEN, UND ZWAR IN DER REIHENFOLGE SCHULTERN, ARME UND HÄNDE. BEI GENÜGEND SPANNUNG LÄUFT DAS ALLES MEHR ODER WENIGER VON SELBST AB. Schultern, Arme und Hände setzen im genau richtigen Zeitpunkt ein. Auch sie sind gespannt. Gleich wird sich ihre aufgespeicherte Kraft entladen.

Wenn wir die Hüften nach links zurückdrehen, werden die Muskeln der Taillengegend zusätzlich gestrafft, etwa so, als schnallten wir einen ohnehin engen Gürtel noch um ein weiteres Loch fester. Maximale Spannung dieser Muskeln zeitigt maximale Geschwindigkeit. Je größer die Spannung ist, desto schneller wird sich der Oberkörper unter Führung der Hüften zurückdrehen und dabei seine Geschwindigkeit auf Arme und Hände übertragen. Ich möchte das wiederum einen „fliegenden Start" nennen. Diese Beschleunigung wird auf den Schlägerkopf übertragen, und je schneller er sich bewegt, desto weiter fliegt der Ball.

Doch kehren wir zum Aufschwung zurück. Ich denke, daß meine Leser jetzt eher verstehen werden, wie wichtig dieses Straffen der Muskeln ist, das durch eine möglichst weite Drehung der Schultern unter gleichzeitiger Zurückhaltung der Hüften entsteht. Wer die Hüften soweit dreht wie die Schultern, verzichtet auf jede Spannung.

DIE BEINE. Wenn sich die Hüften nach rechts drehen, ziehen sie das linke Bein einwärts. Das linke Knie knickt nach rechts ein, der linke Fuß rollt auf die Innenseite der Schuhsohle, und das, was an Gewicht auf dem linken Fuß belassen worden ist, ruht nun ebenfalls auf der Innenkante. ICH WARNE DAVOR, DEN LINKEN ABSATZ IM AUFSCHWUNG ZU STARK ANZUHEBEN. WENN DER ABSATZ GANZ AM BODEN BLEIBT – AUSGEZEICHNET. WENN SICH DER ABSATZ ZWEI ZENTIMETER VOM BODEN ABHEBT – AUCH AUSGEZEICHNET. Aber keineswegs mehr, denn das hätte einen Gleichgewichtsverlust und andere unliebsame Dinge zur Folge.

Körper und Beine bewegen die Füße. HALTET SIE NICHT DAVON AB! Wie weit sich der linke Absatz vom Boden abhebt, richtet sich wesentlich danach, wie weit das linke Knie eingeknickt wird. Ich selbst kümmere mich nie um den linken Absatz; ob er am Boden bleibt, ob er sich als Folge der Körper- und Beinbewegung einen halben oder einen ganzen Zentimeter abhebt, das ist mir völlig gleichgültig.

Das rechte Bein bleibt beim Aufschwung in der Stellung stehen, die es beim Ansprechen eingenommen hat, und auch sein Winkel zum Boden ändert sich nicht. Hierauf sollte der Durchschnittsgolfer beim Üben wie auf der Runde ständig achten. Bleibt das rechte Bein fest

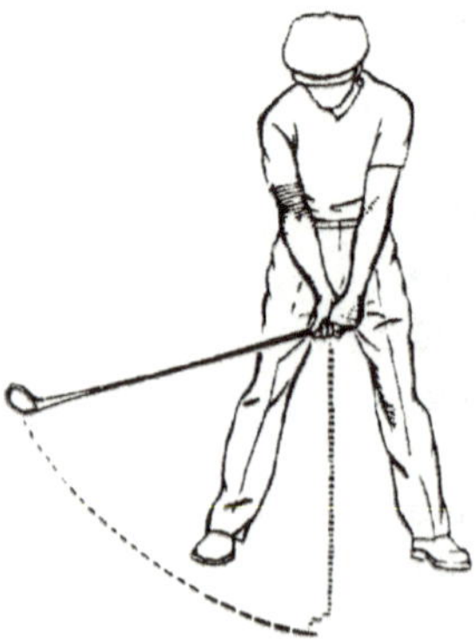

Beim Aufschwung bewegen sich erst die Hände, dann Arme, Schultern und Hüften. Hier sieht man, wie der Spieler erst pendelt, erneut adressiert und dann in dieser Reihenfolge der Bewegungen bis zum Wendepunkt aufschwingt. Die Bilder zeigen, welcher Körperteil gerade eingesetzt wird. Die Ellipsen über den Figuren geben an, wieweit jeweils Schultern und Hüften aufgedreht sind.

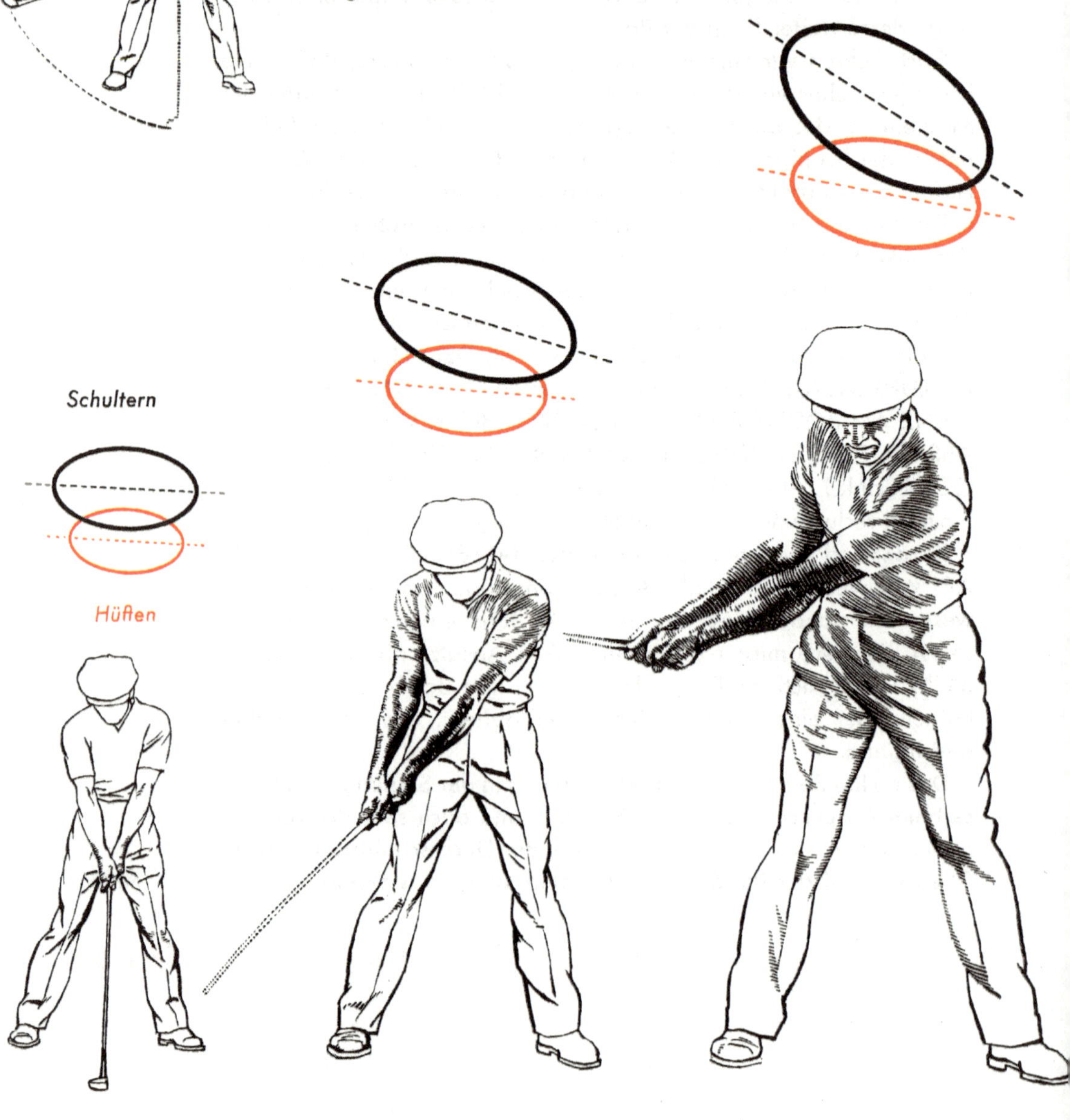

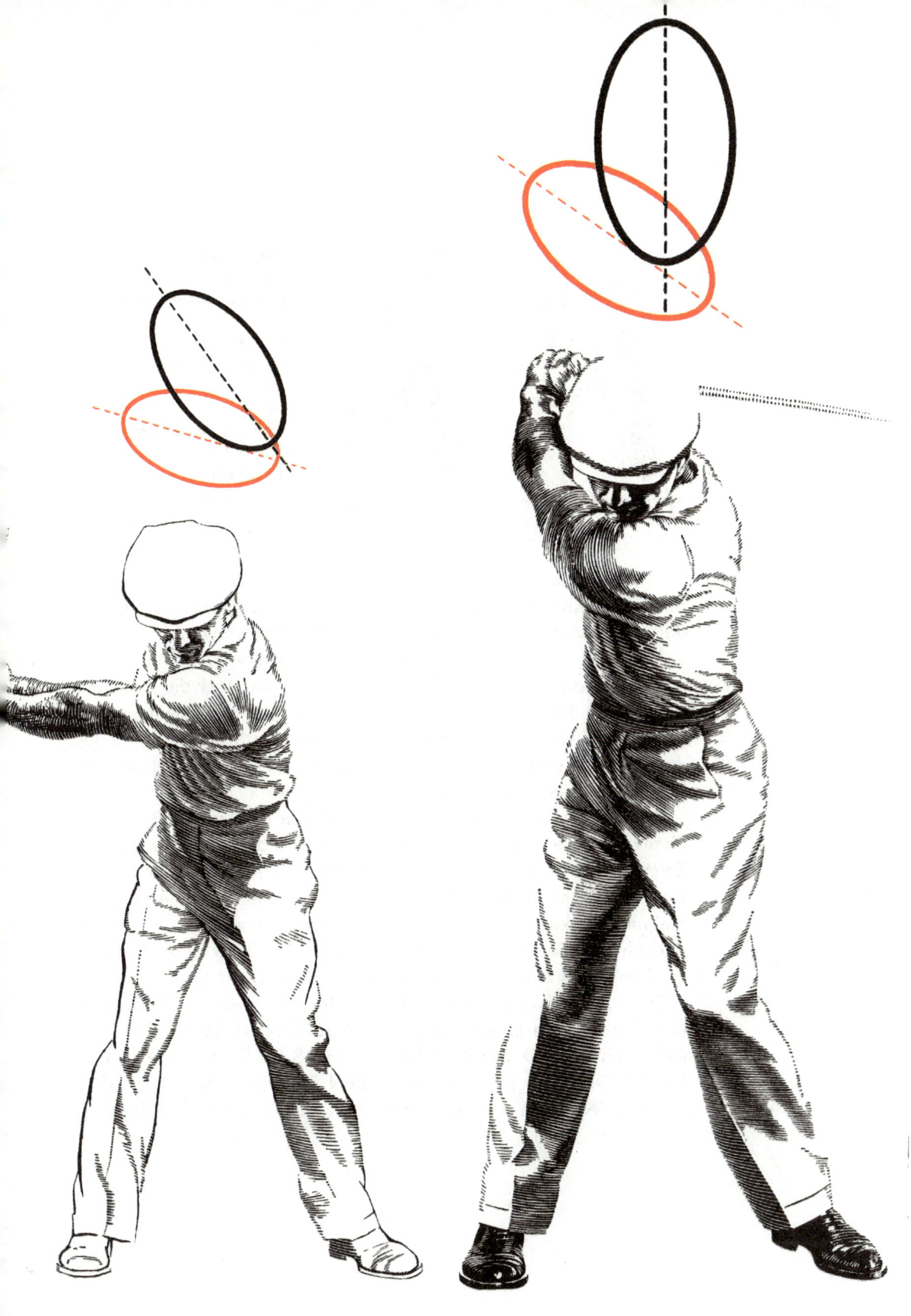

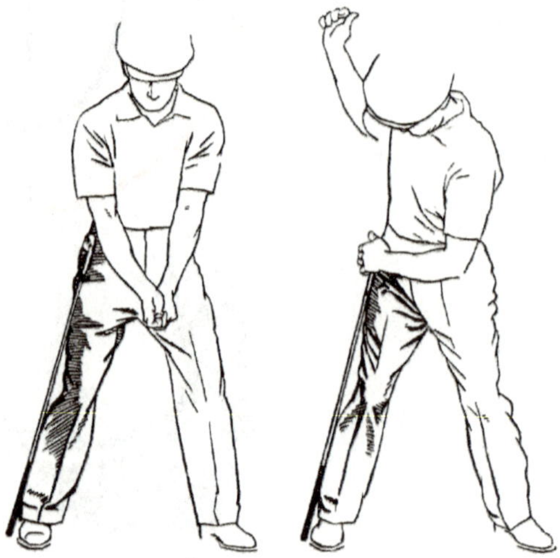

Wenn man beim Adressieren einen Schläger daran lehnt, kann man die Standfestigkeit des rechten Beins überprüfen. Der Winkel zwischen Schläger und Boden darf sich beim Aufschwingen nicht ändern.

stehen, das Knie womöglich etwas einwärts weisend, wird verhindert, daß das Bein und mit ihm der Körper nach rechts schwankt.

An dieser Stelle scheint es mir angezeigt, über einen weiteren wichtigen Begriff des Aufschwunges zu sprechen, über die „Ebene". Ungezählte Spalten sind im Laufe der Jahre über die Schwungkurve geschrieben worden, doch kaum jemand hat der Schwungebene gedacht. Das ist sehr schade, denn für die Dynamik des Golfschwunges ist die Ebene ungleich wichtiger als die Kurve.

Was ist nun diese Ebene? Vorwegnehmen muß ich, daß es zwei Ebenen gibt: eine des Aufschwungs und eine des Abschwungs. Die Zeichnungen zeigen, daß die Aufschwungebene – und nur mit ihr wollen wir uns im Augenblick befassen – nichts weiter ist als der Neigungswinkel, der gebildet wird zwischen dem Boden und einer gedachten Linie vom Ball zu den Schultern. Der Grad dieses Winkels wird bestimmt durch Schulterhöhe und Abstand vom Ball.

Beim Aufschwung benutzt der Spieler die Ebene wie eine Art dreidimensionale Landkarte. DIE SCHULTERN DREHEN SICH AUF DER EBENE UND BLEIBEN DAHER STETS IN DEM WINKEL GENEIGT, DEN SIE BEIM ADRESSIEREN EINGENOMMEN HABEN. Auf dem Weg von der Ansprechstellung zum Wendepunkt des Aufschwunges BEWEGEN SICH ARME, HÄNDE UND SCHLÄGER EBENFALLS AUF DIESER EBENE. (Der linke Arm weist dabei den Weg.) Sind Schultern, Arme und Hände auf der Ebene geblieben, so ist gewährleistet, daß Oberkörper und Arme richtig ausgerichtet sind, wenn sie jenen kritischen Punkt erreichen, an dem der Aufschwung endet und der Abschwung beginnt.

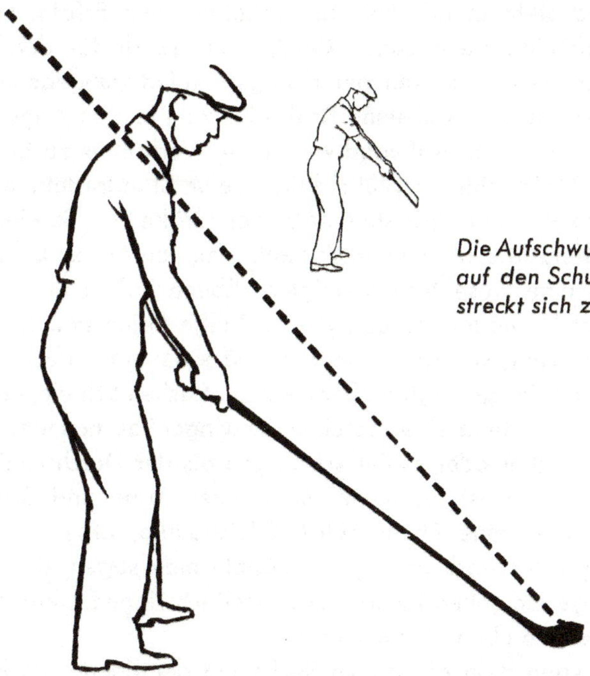

Die Aufschwungebene ruht auf den Schultern und erstreckt sich zum Ball.

Wenn der Abschwung einsetzt, wenn die sich nach links drehenden Hüften den Oberkörper zurückschnellen lassen, fügen sich erst die Schultern, dann die Arme und schließlich die Hände kraftvoll und fließend in den Schwung ein. In anderen Worten: wer die Aufschwungebene wahrt, ordnet seine Kraftquellen so, daß eine jede im richtigen Augenblick einsatzbereit ist. Die in Hüften, Schultern, Armen und Händen aufgespeicherten Energien entladen sich nach Art einer Kettenreaktion. So kann man seine ganze Kraft einsetzen und erzielt Schläge mit einem Höchstmaß an Länge und Genauigkeit.

Ungeheure Energien werden entwickelt, wenn der Abschwung aus einer richtigen Ausgangsstellung heraus immer schneller wird. Ganz anders macht es der schwache Spieler. Er fühlt instinktiv die Kraftlosigkeit seines Schwunges und versucht im letzten Augenblick verzweifelt, irgendwie noch etwas Kraft zu erzeugen. Er verdirbt seinen Schwung dadurch vollends; die Bälle fliegen kaum weiter, dafür aber nach allen Seiten. Solches Golf ist deprimierend, denn der Kraftaufwand steht in gar keinem Verhältnis zum Erfolg. Umgekehrt ist Golf eine nie endende Quelle der Freude für den Spieler, der durch Verbleiben auf der richtigen Aufschwungebene eine Kettenreaktion auslöst und seine Kräfte bis zum letzten Augenblick aufspeichert. Hier steht Aufwand wirklich im Verhältnis zu Erfolg.

Es gibt im Golf keine absolut richtige, keine Standardebene. Der Neigungswinkel richtet sich stets nach der Größe des Spielers. So wird ein Golfer, dessen Beine im Verhältnis zu den Armen kurz sind, naturgemäß eine wesentlich geneigtere Ebene haben als ein anderer, der im Verhältnis zu den Armen lange Beine hat. Die eine Ebene ist so richtig wie die andere. Es wäre demnach auch falsch, den Spieler mit der geneigten Ebene einen „flachen Schwinger" und den mit der aufrechten einen „steilen Schwinger" zu nennen, lediglich weil sie flacher oder steiler schwingen als der Durchschnitt. Etwas ganz anderes ist es, wenn ein Spieler Arme und Schläger wesentlich unter seine Ebene führt. Gleichgültig, ob diese seine Ebene wenig oder stark geneigt ist, könnte man sagen, daß er zu flach schwinge. Umgekehrt würde er zu steil schwingen, wenn er den Schläger über die Ebene hinaushöbe.

Vielleicht kann man die ganze Sache mit der Ebene am besten begreifen, wenn man sich vorstellt, daß der Spieler beim Ansprechen seinen Kopf durch eine riesige Glasscheibe gesteckt hat, die auf den Schultern ruht und den Boden am Ball berührt. BEI EINEM RICHTIGEN AUFSCHWUNG BEWEGEN SICH DIE ARME STÄNDIG PARALLEL MIT UND KNAPP UNTERHALB DER SCHEIBE FORT. OB SIE IN HÜFTHÖHE, OB SIE AM WENDEPUNKT STEHEN, STETS IST IHR ABSTAND VON DER SCHEIBE GLEICH. AM WENDEPUNKT DES AUFSCHWUNGES SOLL DER GESTRECKTE LINKE ARM IM GLEICHEN WINKEL ZUM BODEN STEHEN WIE DIE SCHEIBE.

Die Aufschwungebene gleicht einer großen Glasscheibe, die von den Schultern zum Ball hinabreicht. Von dem Augenblick an, wo die Hände Hüfthöhe erreicht haben, sollen sie parallel zu und knapp unterhalb der Scheibe weitergeschwungen werden, bis sie oben angelangt sind. Ideal wäre es, wenn sich die Hände vom Adressieren an parallel zur Scheibe bewegen könnten; der menschliche Körper ist aber leider so gebaut, daß das erst ab Hüfthöhe möglich ist.

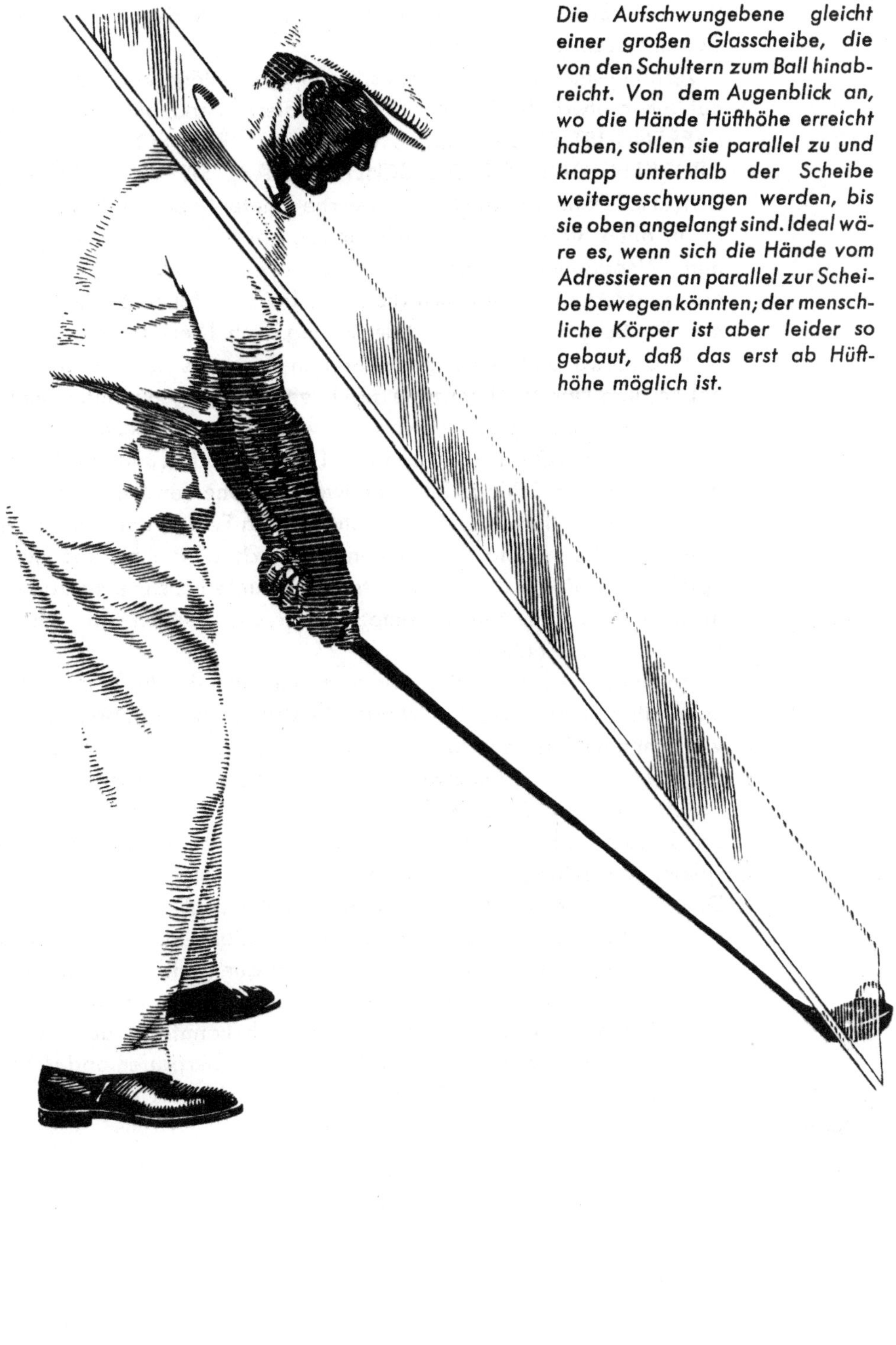

Wäre die Scheibe wirklich da, würde der Arm leicht an ihr reiben. Das gilt auch für die Schultern.

Verhältnismäßig harmlos ist es, wenn sich Schlägerkopf und Arme auf einer etwas flacheren als der idealen Ebene bewegen. VERHEEREND IST ES DAGEGEN, WENN DIE ARME SO AUFWÄRTS DRÜCKEN, DASS SIE DIE SCHEIBE, WÄRE SIE WIRKLICH DA, DURCHSTOSSEN WÜRDEN. Schwache Spieler begehen diesen Fehler in allen Stadien des Aufschwunges, am liebsten aber kurz vor dem Wendepunkt: wenn ihre Hände etwa Schulterhöhe erreicht haben, strecken sie plötzlich die Arme beinahe senkrecht gen Himmel. Die Scheibe ist hin – und der Schlag auch. Diese Leute beenden den Aufschwung auf einer ganz anderen Ebene als sie ihn begonnen haben; ihre Hände, Unterarme und Ellenbogen ragen völlig willkürlich in die Gegend. Im Abschwung versuchen sie verzweifelt, die Sache wieder in Ordnung zu bringen. Das ist natürlich unmöglich, und die Folge ist ein Schlag, der irgendwo im Rauhen endet. Auch unter talentierten Golfern findet man mitunter den Fehler, die Arme oben über die Ebene hinauszuschieben. Dadurch wird ihr sonst gutes Spiel immer wieder durch schlechte Phasen unterbrochen; sie können nicht ständig ihre Fehler kompensieren und müssen nun schiefe Schläge in Kauf nehmen.

Jch bin sicher, daß jeder, der auch nur eine Woche lang täglich eine halbe Stunde übt, die richtigen Bewegungen des Aufschwunges viel schneller lernen wird, als er denkt. Darüber hinaus hat er nun das Rüstzeug, auch den zweiten Teil des Schwunges zu verstehen.

Zehn Minuten täglich widme man dem Üben des Waggles. In diesem Zusammenhang fällt mir etwas ein. Wenn sich der Durchschnittsspieler zum Schlagen anschickt, macht er öfters einige grundlegende Dinge richtig. Er ahnt nicht, was er richtig macht, aber er tut es – und die Schläge gelingen. Viel häufiger jedoch fühlt er sich beim Ansprechen unbehaglich, ohne jedes Vertrauen und völlig unfähig, etwas zustande zu bringen. „Heute geht es wieder mal nicht", stöhnt er, „ich fühle überhaupt nichts". Und doch könnte er auch heute „fühlen". Er brauchte nur Griff und Stand zu überprüfen und richtig zu pendeln. Sofort wüßte er, daß gerade heute sein Tag ist!

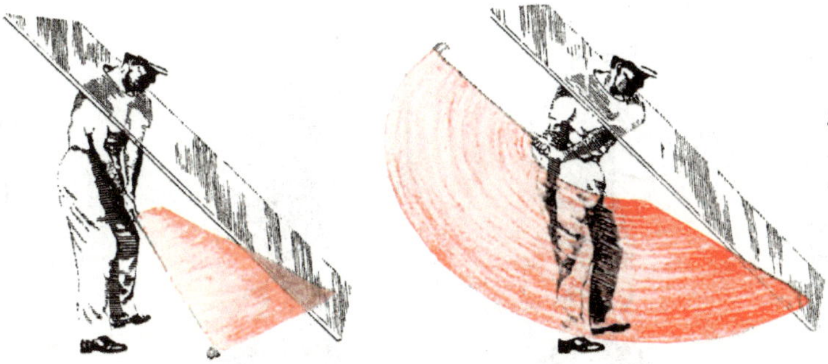

Die Zeichnungen zeigen, daß Arme und Hände in allen Phasen des Aufschwunges unter der Ebene bleiben.

Steile Ebene

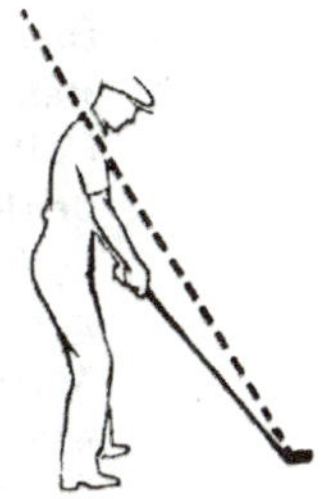

Flache Ebene

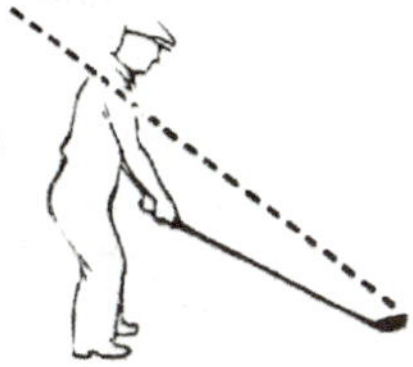

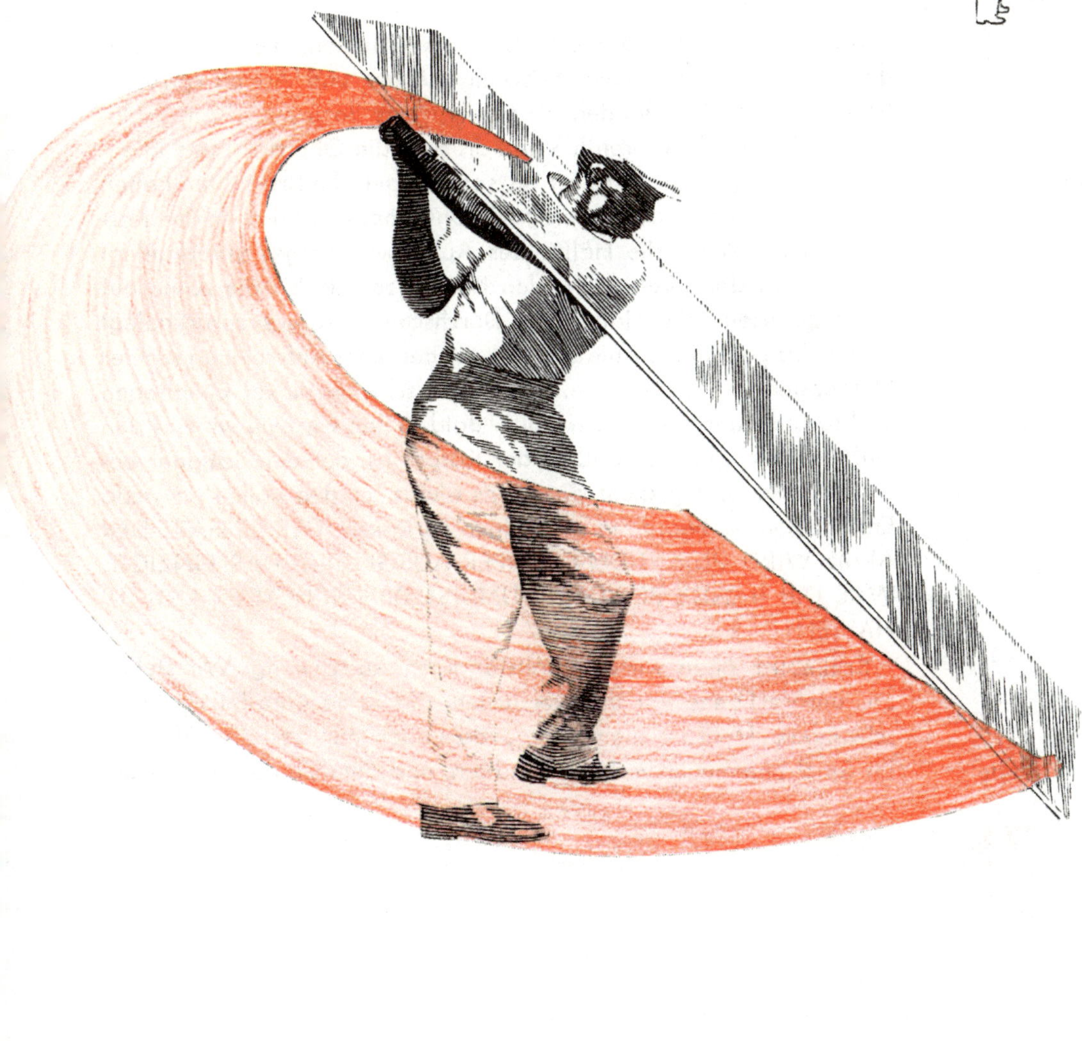

Diese Übung besteht aus einem Halbschwung nach beiden Seiten. Vor und zurück, vor und zurück schwingt der Körper die Arme wie ein Uhrpendel. Die Ellenbogen werden an die Brust gedrückt.

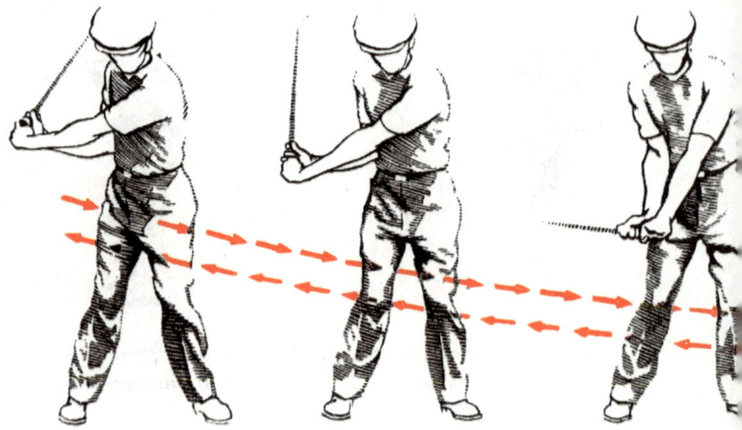

Dann möchte ich noch eine Übung empfehlen, die den Schüler dazu anregen soll, seinen Schwung Körper und Armen anzuvertrauen anstatt den Händen. Wir stellen uns dazu mit einem Schläger wie beim Adressieren hin und drücken die Oberarme und Ellenbogen womöglich noch fester als sonst gegen die Brust. Nun halten wir die Arme gestreckt und steif wie Uhrpendel und drehen den Körper, bis die Arme die Hälfte des Aufschwungweges zurückgelegt haben. Von dort drehen wir den Körper zurück, bis die Arme auf der Gegenseite die Hälfte des Durchschwungweges zurückgelegt haben. So pendeln wir hin und her, wobei beim Aufschwung rechter Ellenbogen und linkes Knie, beim Durchschwung linker Ellenbogen und rechtes Knie geknickt werden. Bald fühlen wir, wie wir aus den Hüften schwingen und daß es der Körper ist, der den Schläger bewegt. Diese Übung dient dazu, uns etwas für den vollen Schwung Entscheidendes begreifen und fühlen zu lassen: DER EINSATZ DER ARME WIRD DURCH DEN KÖRPER AUSGELÖST. DAS EINZIGE, WAS DIE HÄNDE BEWUSST TUN, IST DEN SCHLÄGER FESTZUHALTEN.

Schließlich üben wir den vollständigen Aufschwung. Wir stellen uns unsere Ebene vor und versuchen, die Arme parallel zu ihr zu schwingen. Mehrere meiner Freunde haben mir bestätigt, daß sie ihr Spiel ungeheuer verbessert hätten, nachdem sie den Begriff der

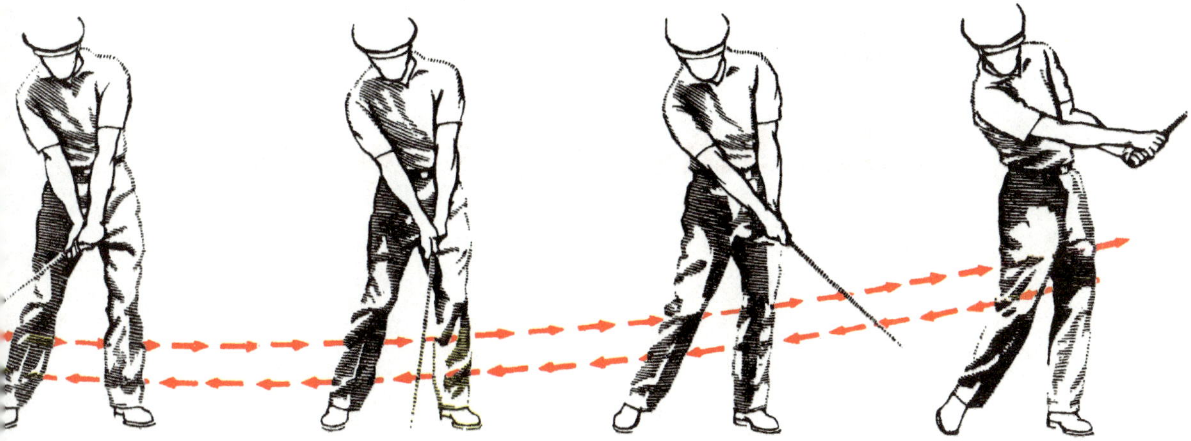

Ebene verstanden hatten. Schlagartig waren sie verschiedene Fehler losgeworden; umgekehrt erschienen ihnen die richtigen Bewegungen plötzlich einfach und selbstverständlich.

Mir selbst ist es nicht anders ergangen. Erst als ich begann, meinen Aufschwung auf der Vorstellung der Ebene aufzubauen, wurde mein Schwung gleichmäßig. Bis dahin, bis zum Jahre 1938 also, hatte ich mich mit einem Aufschwung herumgequält, der durchaus nicht immer gleich und darum auch viel weniger verläßlich war, als ich ihn mir wünschte. Ich suchte damals nach einer „Rinne", worin ich den Schläger aufschwingen könnte. Wenn es so etwas gäbe, sagte ich mir, müsse doch ein Schlag wie der andere ausfallen.

Auf diese Weise kam ich zu der Vorstellung der Ebene. Nach einigen Versuchen stellte ich begeistert fest, daß mein Schläger, sofern ich ihn auf der Ebene zurückschwang, in der Tat einmal ums andere wie in einer Rinne emporglitt. Und immer wieder wurde er, war er oben angekommen, vom Ende der Rinne angehalten. Ich übte fleißig „In-der-Ebene-Bleiben" und gewann immer festeres Zutrauen zu meinem Aufschwung. Nicht nur mein Schwung, meine Schläge und meine ganze Einstellung zum Spiel änderten sich: damals sah ich zum ersten Mal die Möglichkeit, eines Tages wirklich ein Meister zu werden.

4

Des Schwunges zweiter Teil

Neben dem Verfolgen eines schnurgerade auf die Fahne zu fliegenden Annäherungsschlages ist eine der größten Golffreuden das Gefühl, einen Ball voll und klar getroffen zu haben. Wann uns das gelungen ist, wissen wir genau, denn jedesmal pulst dann – und nur dann! – ein unbeschreiblich süßes Gefühl durch den Schaft hinauf in unsere Arme und durchflutet wohlig den ganzen Körper. Auch der beste Golfer der Welt kann nicht einen Ball nach dem anderen perfekt treffen und ständig dieses Hochgefühl erleben, denn Golf ist nun einmal das Spiel der Fehlschläge. Daß dem so ist, wissen alle erfahrenen Spieler, und sie streben daher einen Schwung an, der in allen wesentlichen Teilen so richtig ist, daß auch die „Fehlschläge" noch annehmbar sind – einigermaßen gut getroffen, ziemlich gerade und ausreichend für ein Par.

In dieser Lektion beschäftigen wir uns mit der Phase des Schlages, wo der Spieler nun endlich den Ball trifft. Dieser zweite Teil des Schwunges, vom Beginn des Abschwunges bis zum vollendeten Durchschwung, ist des Golfschlages Höhepunkt. Hier erfüllt sich al-

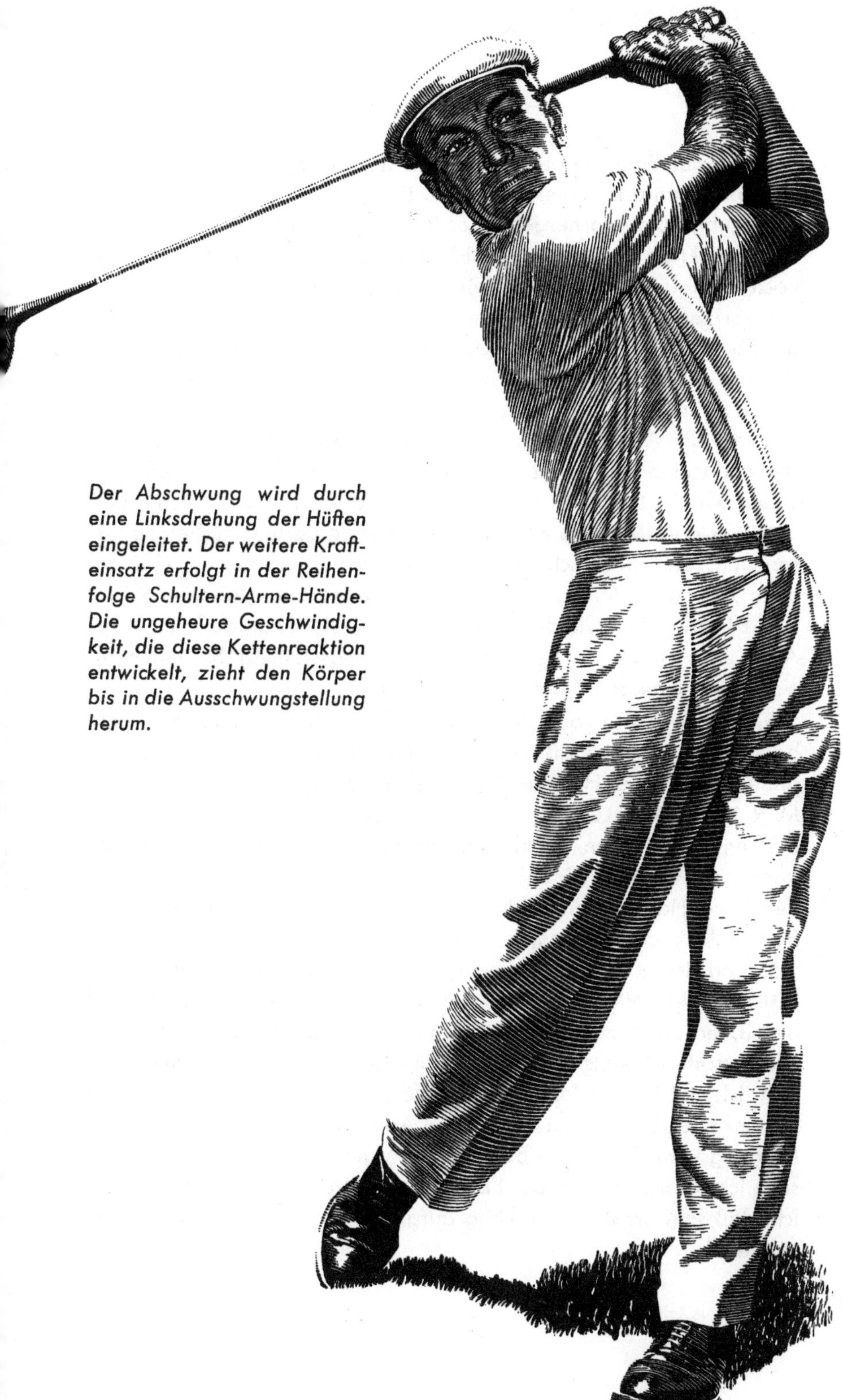

Der Abschwung wird durch eine Linksdrehung der Hüften eingeleitet. Der weitere Krafteinsatz erfolgt in der Reihenfolge Schultern-Arme-Hände. Die ungeheure Geschwindigkeit, die diese Kettenreaktion entwickelt, zieht den Körper bis in die Ausschwungstellung herum.

les, was der Spieler vom Augenblick des Schläger-aus-der-Tasche-Ziehens getan oder unterlassen hat. Da ich lehre, daß im Golf jede Bewegung Folge vorhergehender Bewegungen und somit Teil einer Kettenreaktion ist, deucht es mich gut, vor Beginn des Abschwungs noch einmal die Ebene des Aufschwungs zu betrachten. Wie wir in der vorigen Lektion gesehen haben, bietet uns das Schwingen auf der Ebene die größtmögliche Gewähr dafür, an dem kritischen Wendepunkt des Schwunges richtig und so zu stehen, daß wir einen kraftvollen Schlag ausführen können.

Durch die Ansprechstellung bestimmen wir den Neigungswinkel der gedachten Ebene, die vom Ball zu unseren Schultern aufsteigt. Wenn wir die Schultern in dieser Ebene drehen und die Arme und Schläger parallel dazu schwingen – ohne sie darunter fallen zu lassen oder, was noch schlimmer ist, darüber zu erheben – wird der linke Arm am Wendepunkt des Aufschwungs im gleichen Winkel zum Boden stehen wie die Ebene. Das bedeutet aber, daß Schultern, Arme und Hände in der idealen Ausgangsstellung für einen ineinandergreifenden Bewegungsablauf sind.

Sich diese Ebene vorzustellen hat vielen meiner Freunde zu einem besseren und regelmäßigeren Schwung verholfen. Ich kenne kein anderes optisches Hilfsmittel, das gleich geeignet wäre, einen IMMER WIEDERHOLBAREN fehlerlosen Schwung zu erzeugen. Wir beugen den rechten Ellenbogen richtig; wir drehen die Schultern genügend weit auf; wir knicken unbewußt die Handgelenke ein; und der linke Handrücken bildet eine geradlinige Verlängerung von Handgelenk und Unterarm. Arme und Oberkörper bewegen sich während des ganzen Aufschwunges richtig, und sie tun das IMMER UND IMMER WIEDER. Stets sind auch die Muskeln gespannt und bereit, ihre Kraft zu entladen. Wenn ich den Schwung eines Golfers prüfe, achte ich stets darauf, ob er im Aufschwung seine Ebene einhält. Ich stelle mich dazu in der verlängerten Schlagrichtung einige Meter neben ihm auf und halte den Arm mit gestreckten Fingern im Neigungswinkel seiner Ebene hoch. Wenn er dann aufschwingt, sehe ich sofort, ob er in der Ebene bleibt. Wenn er es nicht tut, weiß ich, daß sein Schwung unrichtig aufgebaut ist und unter Druck versagen wird.

Der Abschwung erfolgt auf einer etwas anderen Ebene als der Aufschwung. DIE ABSCHWUNGEBENE IST WENIGER STEIL UND STEHT AUCH ZUM BALL ANDERS ALS DIE AUFSCHWUNGEBENE. Wir bilden diese zweite Ebene – ohne uns dessen bewußt zu sein –, wenn wir bei Beginn des Abschwunges die Hüften nach links drehen. Durch diese Drehung bewegt sich der Körper ebenfalls nach links, und die rechte Schulter wird gesenkt. Man wird sich erinnern, daß sich der Leser vorstellen sollte, beim Adressieren den Kopf durch ein Loch in einer riesigen Glasscheibe zu stecken, die von den Schultern zum Ball hinabreichte. Wenn sich der Körper nun nach links bewegt und sich dabei die rechte Schulter senkt, ändert sich die Lage der Scheibe. Ihre waagrechte Achse weist nicht mehr zum Loch, sondern etwas rechts davon. (Darüber hinaus wird die Scheibe ein wenig verkantet, und die vordere untere Ecke hebt sich leicht vom Boden ab.) STEHT DIE ABSCHWUNGEBENE RICHTIG, IST DER SPIELER GEZWUNGEN, VON INNEN NACH AUSSEN ZU SCHLAGEN. Wenn er das tut, kann er seine ganze Kraft einsetzen und erreicht so eine Höchstgeschwindigkeit des Schlägerkopfes. Er hat auch keine Veranlassung mehr, irgendwelche Fehler zu kompensieren. (Wenn ich auch nicht vorgreifen möchte, so muß ich doch hier einflechten, daß der Spieler, der den Abschwung irrigerweise anstatt mit den Hüften mit den Armen oder Händen beginnt, weder die richtige Ebene gewinnen noch von innen nach außen schlagen kann. Wenn er hingegen mit den Hüften beginnt, ist beides kinderleicht. Er m u ß von innen nach außen schlagen. Er ist sozusagen ein Gefangener seines eigenen Schwungs.)

Auch die Abschwungebene muß gewahrt werden. Andererseits ist ihr Bild zur Erlangung eines guten, fließenden Schwunges weit weniger wichtig als das der Aufschwungebene. Mein Rat geht daher dahin, diese Ebene wohl zu begreifen, sich im übrigen aber mehr auf ein oder zwei andere Dinge zu konzentrieren, die den Abschwung erleichtern.

DIE HÜFTEN LEITEN DEN ABSCHWUNG EIN. Sie bilden den kritischen Punkt der Kettenreaktion. Mit ihnen zu beginnen und sie richtig zu bewegen ist entscheidend für das Gelingen des Abschwunges. Dadurch wird schon beizeiten Geschwindigkeit erzeugt;

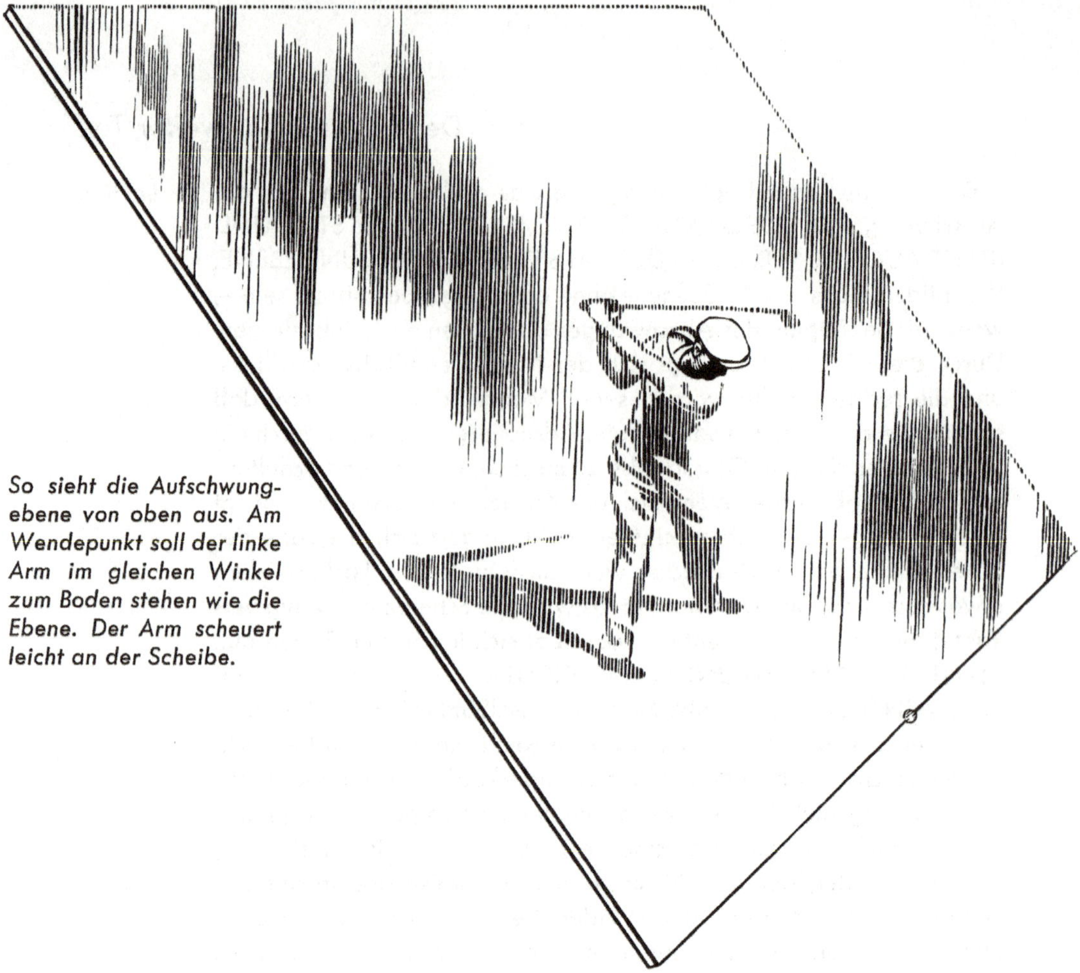

So sieht die Aufschwungebene von oben aus. Am Wendepunkt soll der linke Arm im gleichen Winkel zum Boden stehen wie die Ebene. Der Arm scheuert leicht an der Scheibe.

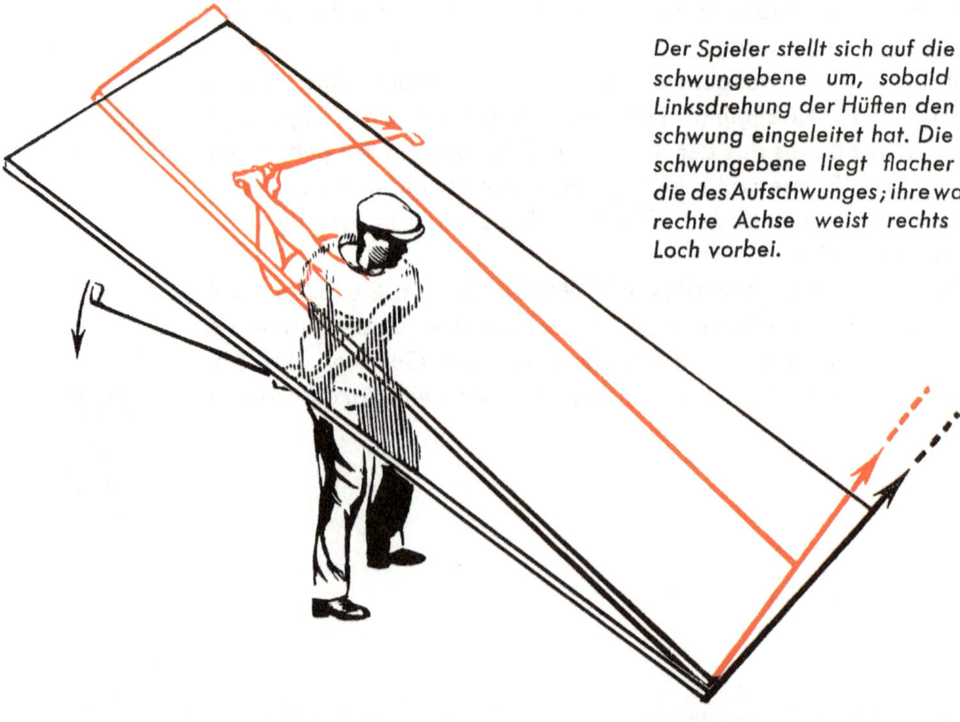

Der Spieler stellt sich auf die Abschwungebene um, sobald die Linksdrehung der Hüften den Abschwung eingeleitet hat. Die Abschwungebene liegt flacher als die des Aufschwunges; ihre waagrechte Achse weist rechts am Loch vorbei.

Um festzustellen, ob ein Spieler auf seiner Ebene bleibt, stelle ich mich in der verlängerten Schlagrichtung neben ihm auf und neige Arm und Hand im Winkel der für ihn richtigen Ebene. Wenn er dann aufschwingt, kann ich genau sehen, ob er auf der Ebene bleibt, oder, sei es nach unten oder oben, von ihr abweicht.

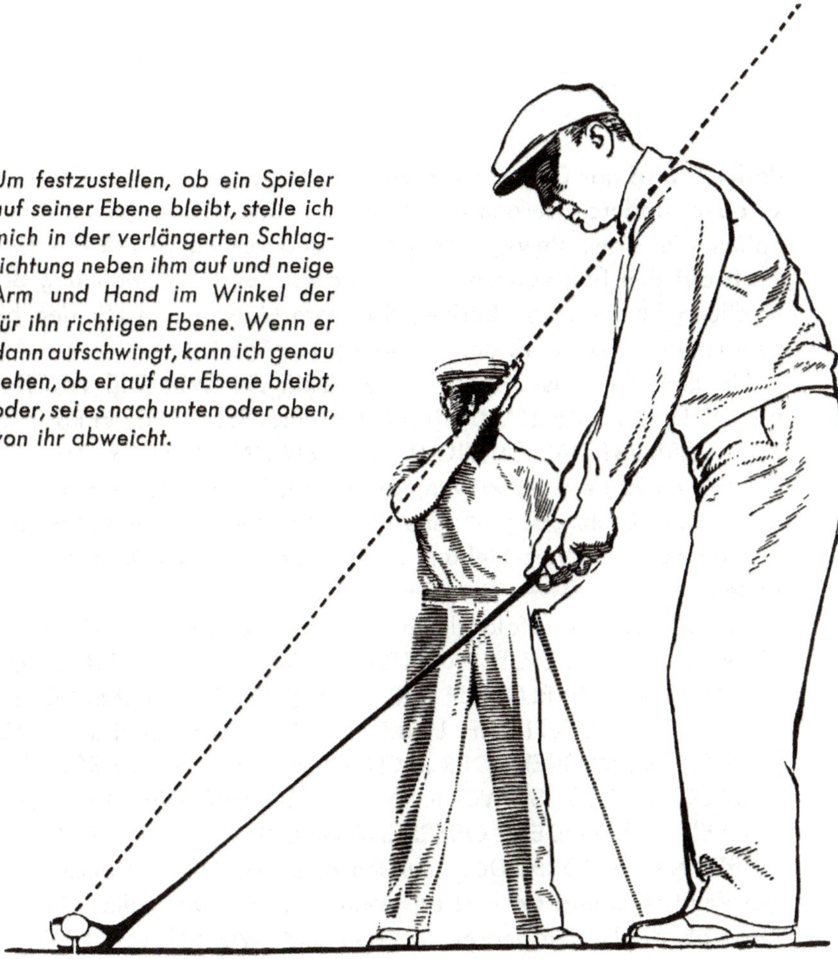

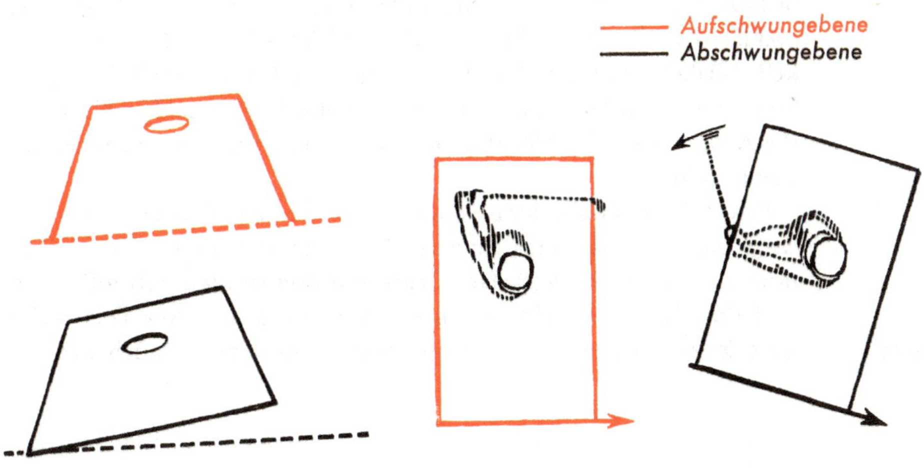

dadurch wird das Gewicht von dem rechten auf den linken Fuß verschoben; dadurch werden die Hüften aus dem Wege geschafft, erhalten die Arme Bewegungsfreiheit; dadurch können wir unsere Kraft auf den Ball konzentrieren; dadurch wird die Spannung der kräftigen Muskeln von Rücken, Schultern, Armen und Händen bis zum letzten Augenblick der Entladung verzögert.

Als Einleitung des Abschwunges DREHEN WIR DIE HÜFTEN NACH LINKS. DIE DAMIT VERBUNDENE SEITLICHE VERSCHIEBUNG BRINGT DAS GEWICHT AUF DEN LINKEN FUSS. Der Weg der Hüften ist beim Abschwung anders als beim Aufschwung. Beim Abschwung ist ihr „Bogen" eine Kleinigkeit weiter, sowohl hinsichtlich der seitlichen Verschiebung als auch der späteren Drehung nach hinten.

Die Hüftdrehung erfolgt durch die Zusammenarbeit verschiedener Muskelgruppen. DIE GESPANNTEN MUSKELN DER LINKEN HÜFTE UND DIE MUSKELN AUF DER INNENSEITE DES LINKEN OBERSCHENKELS ZIEHEN DIE LINKE HÜFTE NACH LINKS. INDES DREHEN DIE MUSKELN DER RECHTEN HÜFTE UND DES RECHTEN OBERSCHENKELS (SOWOHL DIE INNEN WIE DIE KRÄFTIGEN AUSSEN LIEGENDEN OBERSCHENKELMUSKELN) DIE RECHTE HÜFTE NACH VORN. Dazu müssen diese Muskeln natürlich zuvor gespannt sein, und sie sind es, wenn im Aufschwung die Schultern mehr als die Hüften gedreht worden sind. WIR STELLEN UNS DIE LINKE HÜFTE DURCH EIN BREITES GUMMIBAND MIT EINER DAHINTERLIEGENDEN WAND VERBUNDEN VOR. WENN DIE SCHULTERN DIE HÜFTEN IM AUFSCHWUNG DREHEN, WIRD DAS BAND STARK GEDEHNT. SOBALD SICH ABER DIE HÜFTE ZURÜCKZUDREHEN BEGINNT, SCHNELLT ES WUCHTIG ZURÜCK. So und nicht anders ist es mit den Muskeln. Je größer die Spannung, desto schneller die Hüftdrehung. Und sie kann gar nicht schnell genug sein.

Die Hüftdrehung leitet eine Kettenreaktion ein. Das linke Bein bewegt sich so weit nach links zurück, daß das Knie sogar etwas nach dem Loch zu weist. Der Druck auf den rechten Fuß läßt nach, und das Körpergewicht verschiebt sich auf den linken. Das rechte Knie knickt in Richtung Loch ein und steigert damit noch die Ge-

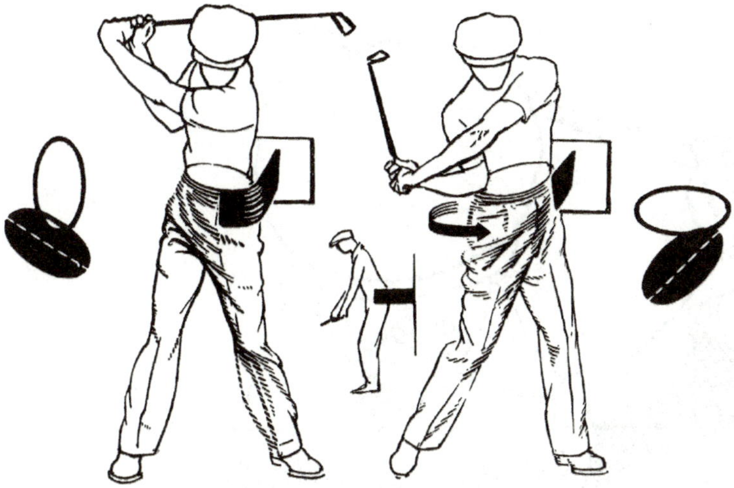

schwindigkeit des Schwunges. KÖRPER, ARME UND BEINE TRAGEN ALLE IHREN TEIL DAZU BEI, DIE IN GEMEINSCHAFTSARBEIT ERZEUGTE GESCHWINDIGKEIT ZU VERVIELFACHEN. DIESE GESCHWINDIGKEIT VERZEHNFACHT DES GOLFERS KRAFT. IN DER KETTENREAKTION DES SCHWUNGES ÜBERTRAGEN OBERKÖRPER UND SCHULTERN DIE WACHSENDE KRAFT AUF DIE ARME... DIE ARME VERVIELFACHEN SIE UND ÜBERTRAGEN SIE AUF DIE HÄNDE... AUCH DIE HÄNDE VERVIELFACHEN SIE... UND ALS FOLGE VON ALLEDEM PEITSCHT DER SCHLÄGERKOPF MIT EINER UNVORSTELLBAREN GESCHWINDIGKEIT DURCH LUFT UND BALL. DIES ALLES GESCHIEHT NATÜRLICH SO SCHNELL, DASS ES NIEMAND VERFOLGEN KANN.

Das sicherste Mittel, den Gang dieser erstaunlichen Maschinerie zu stören, ist ein Beginn des Abschwunges mit den Händen anstatt mit den Hüften. Fast alle schwachen Spieler tun das und machen dadurch einen guten Schlag von vornherein unmöglich. Sie bremsen die Hüftdrehung ab und drängen den Oberkörper aus seiner richtigen Stellung. Sie müssen nun wohl oder übel von außen nach innen schwingen und werden meist einen Slice bekommen, weil ja der Schläger den Ball schneidet. Wenn sie diesen Fehler durch einen an-

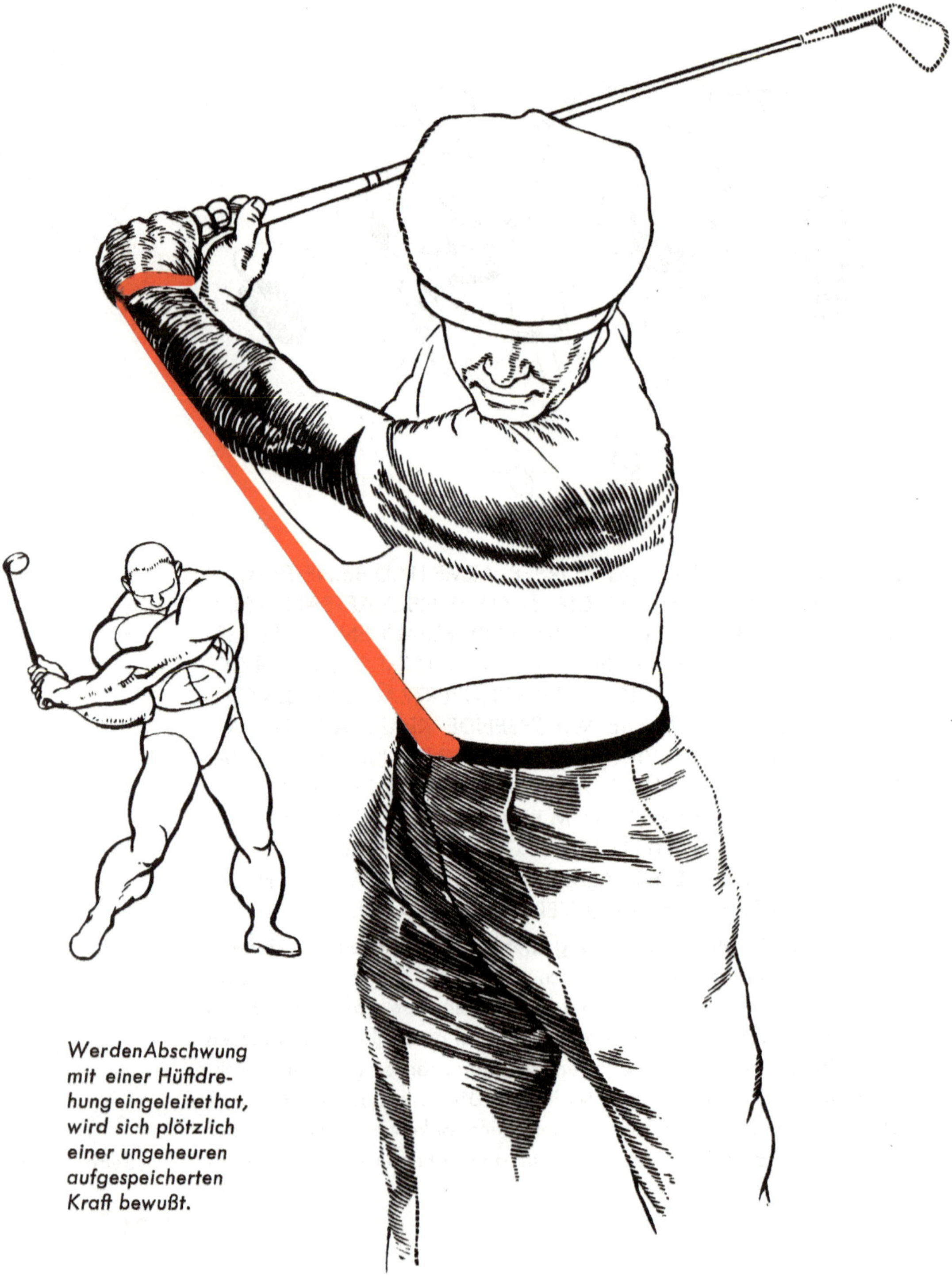

WerdenAbschwung mit einer Hüftdrehung eingeleitet hat, wird sich plötzlich einer ungeheuren aufgespeicherten Kraft bewußt.

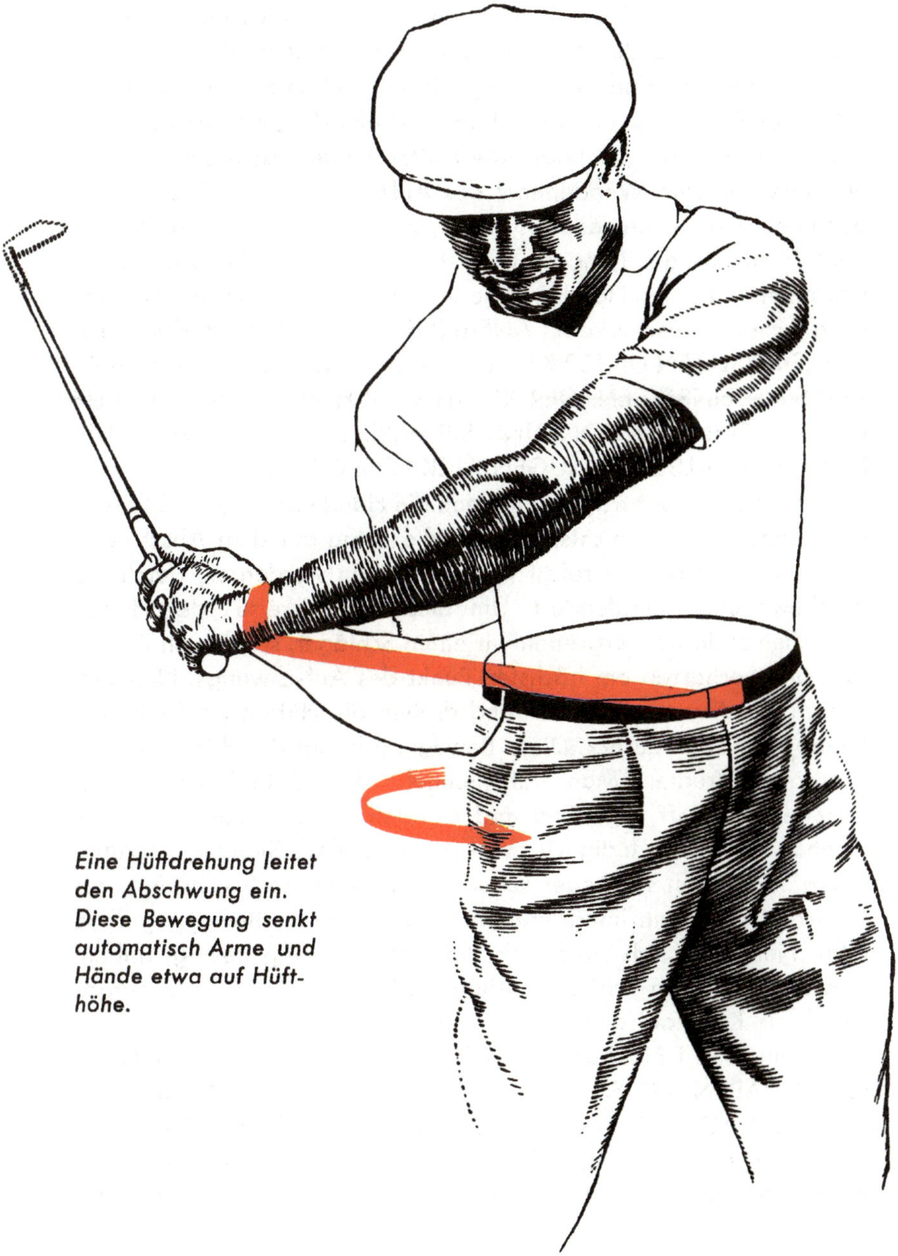

Eine Hüftdrehung leitet den Abschwung ein. Diese Bewegung senkt automatisch Arme und Hände etwa auf Hüfthöhe.

deren kompensieren, also den Teufel mit Beelzebub auszutreiben suchen, kann es auch ein Pull werden. Wie ungleich besser wären die Schläge – und die Runden – des Durchschnittsgolfers, wenn er nur lernen wollte, den Abschwung mit den Hüften zu beginnen!

Dies alles ist so unerhört wichtig, daß manche Spitzenspieler zur Verbesserung ihres „Timings" die Hüften sogar den Bruchteil einer Sekunde vor dem Wendepunkt des Aufschwunges zurückzudrehen beginnen. Das ist keineswegs falsch; es ist eine persönliche Eigentümlichkeit, die die Tatsache unterstreicht, daß der Abschwung nie und nimmer mit den Händen begonnen werden darf. Ich möchte das noch krasser ausdrücken: ANFÄNGER UND DURCHSCHNITTSSPIELER SOLLTEN UNTER KEINEN UMSTÄNDEN DIE HÄNDE B E - W U S S T EINSETZEN. DER RICHTIGE SCHWUNG BERUHT AUF EINER KETTENREAKTION, UND SIE WIRD ZERSTÖRT, WENN DIE HÄNDE IM FALSCHEN AUGENBLICK LOSSCHLAGEN.

Ja, wird der Leser fragen, tun denn die Hände gar nichts? Die Antwort lautet: sie tun nichts, solange die Arme auf dem Abschwung noch nicht Hüfthöhe erreicht haben. Dorthin werden sie durch die Hüftbewegung geschleudert. Um diese „Gratisreise" der Hände verstehen zu lernen, ergreifen wir einen Schläger, schwingen ihn zurück und verharren am höchsten Punkt des Aufschwungs. Nun vergessen wir Arme und Hände und drehen die Hüften im Zeitlupentempo nach links zurück. Diese Bewegung bringt die Hände bis auf Hüfthöhe herunter. Man hat nunmehr das Gefühl einer ganz ungeheuren Kraft in Armen und Händen. Was immer bisher geschehen ist, es hat lediglich dazu gedient, diese Stellung vorzubereiten. Man kann sie weder künstlich erzeugen, noch kann man sie erreichen, wenn ein integrierender Bestandteil der Bewegungskette fehlt. Nur wenn sich zuvor alle Körperteile richtig bewegt haben, sind sie in diesem kritischen Augenblick in der Lage, ihre aufgespeicherte Kraft auf den Ball loszulassen.

WENN WIR DEN ABSCHWUNG DURCH DIE HÜFTEN EINGELEITET HABEN, IST FORTAN UNSER EINZIGER GEDANKE: DEN BALL SCHLAGEN! Bei einem vollen Treibschlag schlage ich den Ball fest, manchmal sogar mit aller verfügbaren Kraft. An Löchern wo Entfernung weniger zählt, wende ich nicht mehr Kraft auf, als es der

Schlag verlangt. Niemals zerbreche ich mir den Kopf darüber, wie das Schlägerblatt an den Ball kommt. Diese Frage habe ich erledigt, als ich den Ball adressierte und den Schläger pendelte. Während des Schwunges die Stellung des Schlägerkopfes beeinflussen zu wollen ist reiner Wahnsinn. Dazu geht alles viel zu schnell.

Wie ich meinen Zuhörern in den „Golfschulen" immer wieder erkläre, besteht die richtige Schlagbewegung in einem vom Beginn des Abschwunges bis zum Ende des Ausschwunges fortlaufenden Krafteinsatz. Ich weise darauf hin, daß ich dabei nur an zwei Dinge denke: den Abschwung mit den Hüften zu beginnen und in der Reihenfolge Oberkörper-Arme-Hände so fest wie möglich zu schlagen. Wenn ich so den „Schlag als Einheit" erkläre, reagieren die Zuhörer meist auf zweierlei Art. Die einen lächeln skeptisch und denken: „Ich wette, da steckt viel mehr dahinter. So einfach kann es nicht sein. Natürlich muß man das Treffen des Balles irgendwie beeinflussen. Darauf kommt es sicher an, aber das verraten die Kerls nicht!" Die anderen,

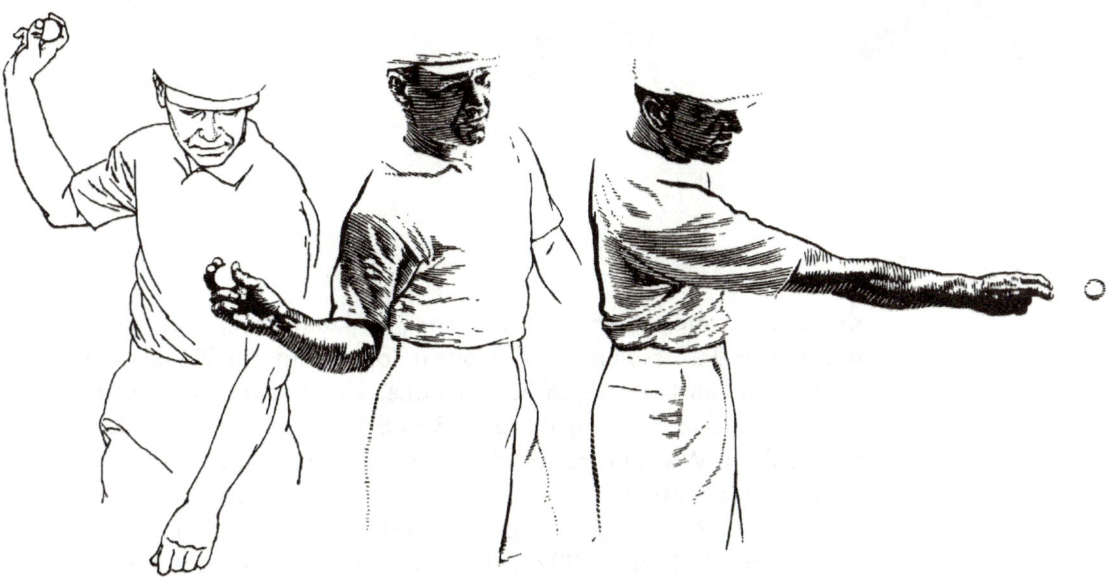

Die richtige Bewegung von rechtem Arm und rechter Hand gleicht einem Baseballwurf. Der Ellenbogen, der zeitweise führt, streicht dicht am Hüftknochen vorbei.

Wie bei der zweihändigen Ballweitergabe im Korbball führen auch im Golf linker Arm und linke Hand. Die linke Hand muß ebenso kräftig durch den Ball schlagen wie die rechte.

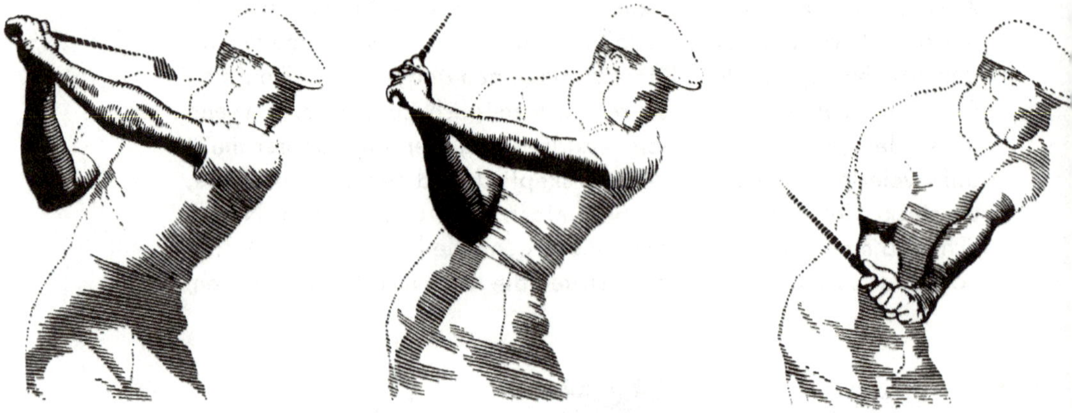

die Zyniker, mögen etwa so denken: „Ich kann mir gut vorstellen, daß einem Berufsspieler, der zwanzig Jahre lang die Übungswiese kaum zum Lunch verlassen hat, das alles so zur zweiten Natur geworden ist, daß er an nichts zu denken braucht, als mit voller Kraft loszubolzen. Was der Hogan da erklärt, mag für ihn zutreffen; uns gewöhnlichen Sterblichen nützt es sowenig, wie wenn uns Bob Richards erklärte, Stabhochspringen sei ganz einfach, denn man brauche nur in 3.50 m Höhe den Stab wegzuschieben und über die Latte zu rollen." Ich kann solche Auffassungen verstehen, aber sie stimmen nicht. Ich hätte diese Lektionen nie geschrieben, wenn ich nicht ehrlich davon überzeugt gewesen wäre, daß der Durchschnitts-

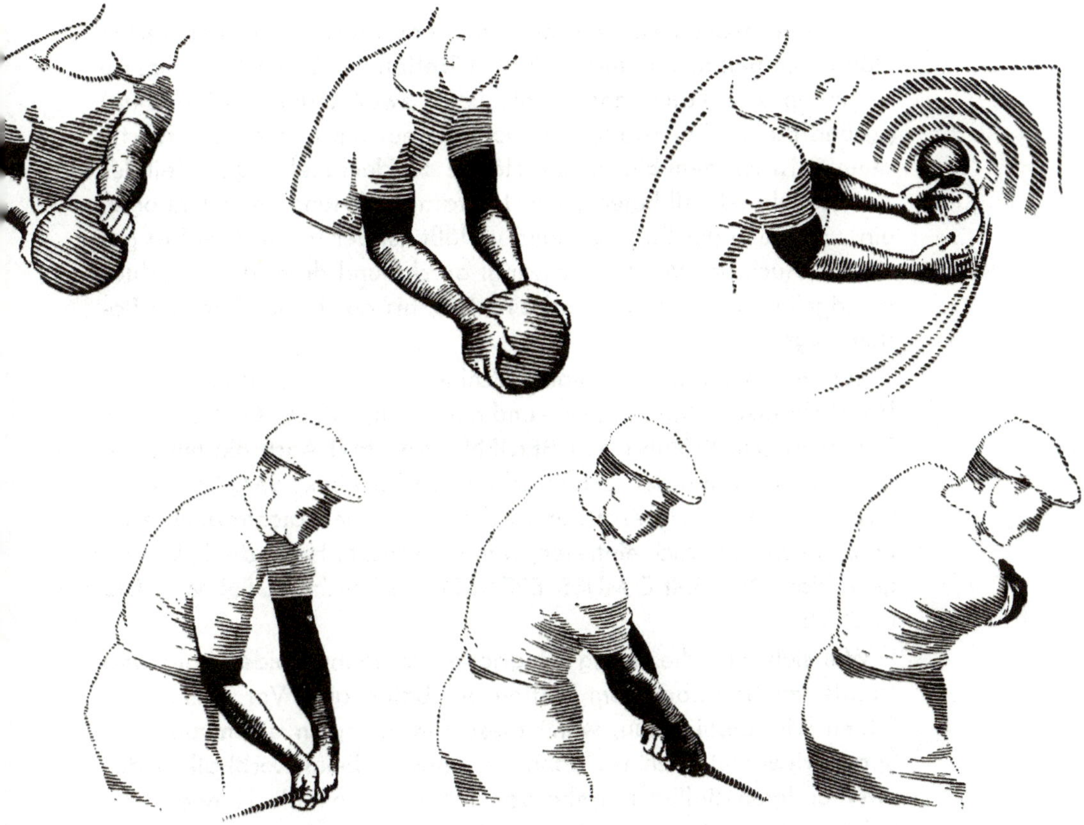

golfer körperlich ohne weiteres imstande ist, die Methoden der Spitzenspieler anzuwenden. Sein Problem ist weniger mangelndes Vermögen als mangelndes Wissen um das, was er zu tun hat.

Wenn ein Spieler im Abschwung die Hände bis auf Hüfthöhe gesenkt hat, beginnt das, was ich die Impakt-Phase nennen möchte. Ist der Schwung bis jetzt fehlerlos gewesen, dann ist der Körper so ausgerichtet, daß der Spieler instinktiv schlägt und durchschwingt. Es geht gar nicht anders! Dennoch mag es nützlich sein zu wissen, was die Hände während dieser explosiven Phase des Schwunges machen. Man kann dann diese Bewegungen üben, und wer das mit Verstand tut, wird einen Nutzen davon haben.

Zunächst wollen wir uns ansehen, was rechter Arm und rechte Hand unmittelbar vor und nach dem Treffen des Balles tun. Nun, sie verhalten sich kaum anders als beim zweihändigen Wurf eines großen Balles. Der rechte Ellenbogen klebt am Körper. Er „führt", denn er ist vor dem Einsatz der Hände der dem Ziel nächste Teil des Armes. Sehr schnell holen dann Unterarm und Hand den Ellenbogen ein, und wenn der Ball die Hand verläßt, ist der rechte Arm fast gestreckt. Auch der Werfer „schwingt durch" und dreht dabei rechtes Handgelenk und rechte Hand einwärts, bis der Handteller gen Boden zeigt.

Soll man nun bei einem vollen Schlag die ganze Kraft der rechten Hand einsetzen? Man soll es – und noch mehr: SCHLAGT DEN BALL SO HART IHR KÖNNT MIT BEIDEN HÄNDEN! Auch die linke hat Kraft. Wer nur mit der rechten schlägt und die linke vergißt, verliert nicht nur wertvollste Kraft, er wird auch all die Katastrophen erleben, die unweigerlich eintreten, wenn die rechte Hand die linke vergewaltigt. DIE LINKE MUSS EBENSO FEST SCHLAGEN WIE DIE RECHTE.

Wie sieht nun die richtig integrierte Bewegung beider Arme und Hände vor und nach dem Treffen des Balles aus? Vor allem: was fühlen wir dabei? Nun, wenn diese Bewegung in einem anderen Sport wiederzufinden ist, dann am ehesten beim Korbball in der zweihändigen Ballweitergabe von rechts. Wenn die Hände Hüfthöhe erreicht haben und damit in die Impaktphase eingetreten sind, könnte man sich vorstellen, einen Ball zu halten: linker Arm und linke Hand führen, rechter Arm und rechte Hand folgen – genauso also, wie die Hände auf dem Schlägerschaft liegen. Der Ball hätte etwa die Größe beider Hände und wäre ziemlich schwer, gliche somit einem kleinen Medizinball. Ein harter Wurf verlangt Muskelkraft. Vier oder fünf Meter von uns denken wir uns eine ziemlich große Zielscheibe, deren Zentrum sich in Hüfthöhe über dem Boden befindet. Zur vollen Ausnützung unserer Kraft verlegen wir das Gewicht beim Werfen vom rechten auf das linke Bein. Wenn wir den Ball gegen die Scheibe schmettern, benutzen wir beide Hände, weil das den Wurf härter und genauer macht. Der Ball soll geradlinig fliegen und ins Schwarze treffen. Wenn wir wirklich mit voller Kraft geworfen haben, dreht sich unser Körper auch nach dem Loslassen des Balles wie beim Durchschwung weiter.

Der Vergleich mit dem beidhändigen Wurf erscheint mir darum wertvoll, weil er zeigt, daß die linke Hand dauernd tätig ist. In diesem kritischen Stadium des Schwunges beginnt sie sich nach außen zu drehen (man nennt das Supination), so daß also der Handteller, der zunächst nach unten wies, nach rechts und schließlich nach oben zeigt. Diese Drehbewegung der linken Hand setzt sich bis zum Ende des Schwunges fort. Die Bildfolge auf Seite 96 wird besser als viele Worte verständlich machen, worum es hier geht.

In dieser Folge verdient eine Zeichnung besondere Aufmerksamkeit: die Stellung von linkem Handgelenk und linker Hand im Augenblick des Treffens.

IM TREFFMOMENT ZEIGT DER LINKE HANDRÜCKEN NACH DEM LOCH. DAS HANDGELENK IST DEUTLICH HERAUSGEDRÜCKT UND WEIST IN DER GLEICHEN RICHTUNG. ES IST ALSO IM TREFFMOMENT DER DEM LOCH NÄCHSTE TEIL DER HAND.

In dieser Stellung kann die linke Hand die Geschwindigkeit des Schlägerkopfes nicht abbremsen. Es besteht auch keine Gefahr, daß sie die rechte Hand vergewaltigt und den Schläger verdreht; das wäre physisch unmöglich, auch wenn man drei rechte Hände hätte. (Wie fest könnte man dann schlagen!)

Das linke Handgelenk aller Klassespieler befindet sich im Treffmoment in Supinationsstellung. Genau umgekehrt ist es bei den schwachen Spielern. Kaum daß sich ihr Schläger dem Ball nähert, beginnt sich die linke Hand nach innen zu drehen, was man Pronation nennt.

Wenn kurz vor dem Treffmoment eine Pronation der linken Hand stattfindet, ändert sich die Schwungkurve: sie wird verkürzt und sie wird zu steil. Jetzt, wo sich die Hände noch schneller bewegen sollten, werden sie durch die Pronation langsamer. Die Höchstgeschwindigkeit ist überschritten, noch ehe der Schläger an den Ball kommt. Daneben hat die Pronation der linken Hand noch andere unangenehme Folgen. Durch die Veränderung von Schwungkurve und -ebene toppt der schwache Spieler oft den Ball mit der Schlägerkante. Manchmal trifft er auch den Boden vor dem Ball. Ist dabei

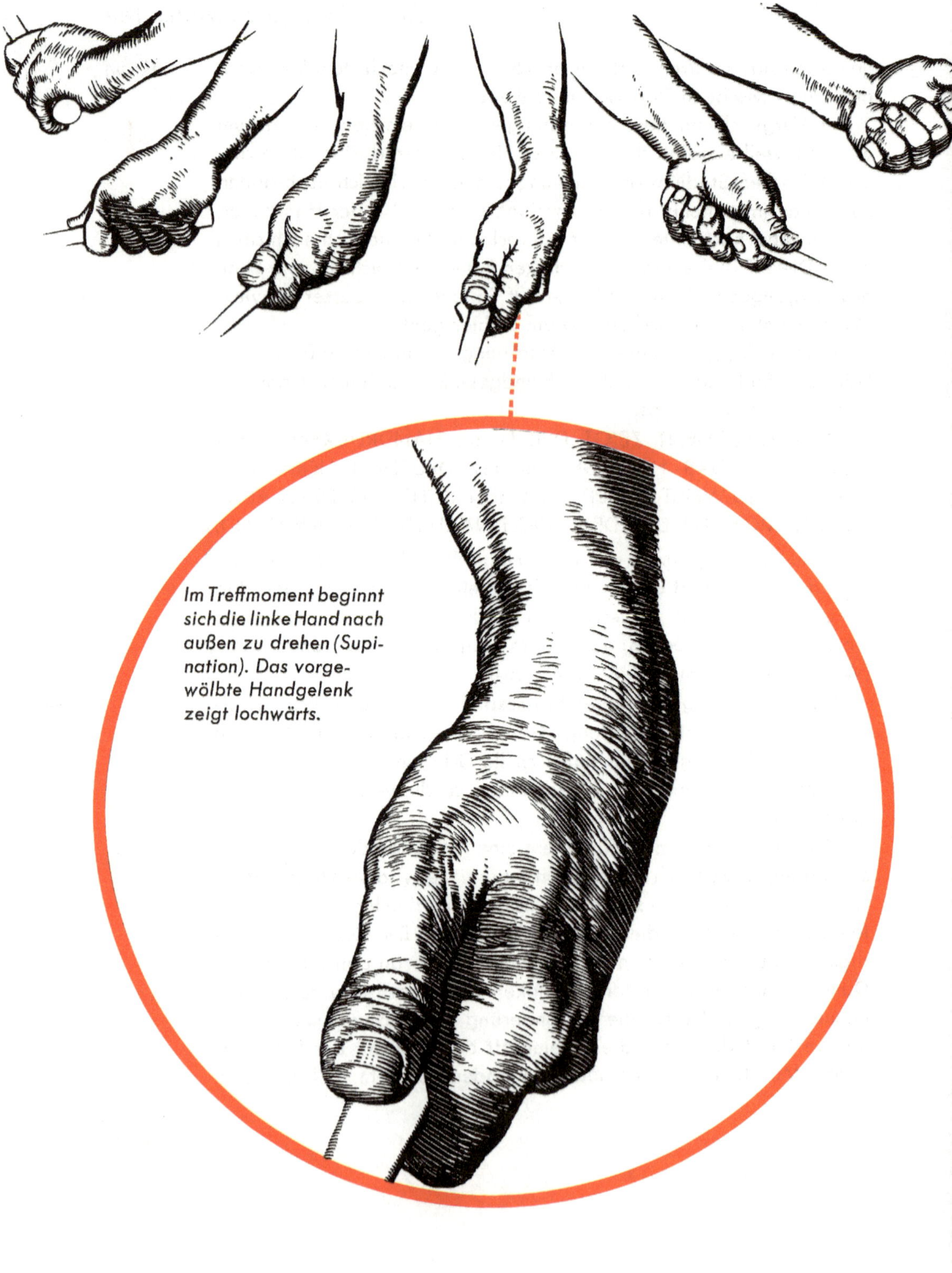

Im Treffmoment beginnt sich die linke Hand nach außen zu drehen (Supination). Das vorgewölbte Handgelenk zeigt lochwärts.

Der schwache Spieler dreht sein linkes Handgelenk nach innen (Pronation). Die Höchstgeschwindigkeit seines Schlägerkopfes liegt dann vor dem Treffen, der Schwungbogen wird verkürzt, und zahlreiche andere Fehler schleichen sich ein.

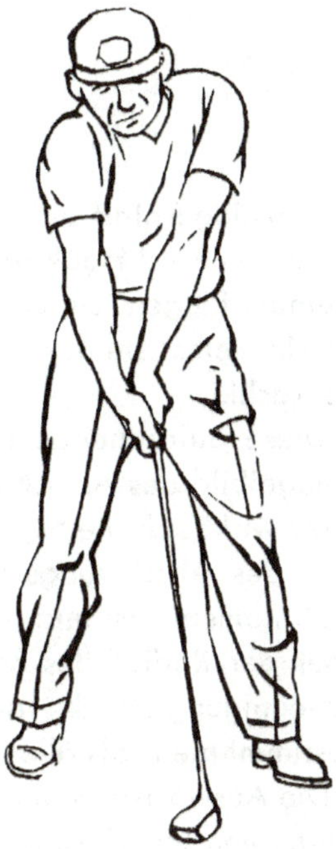

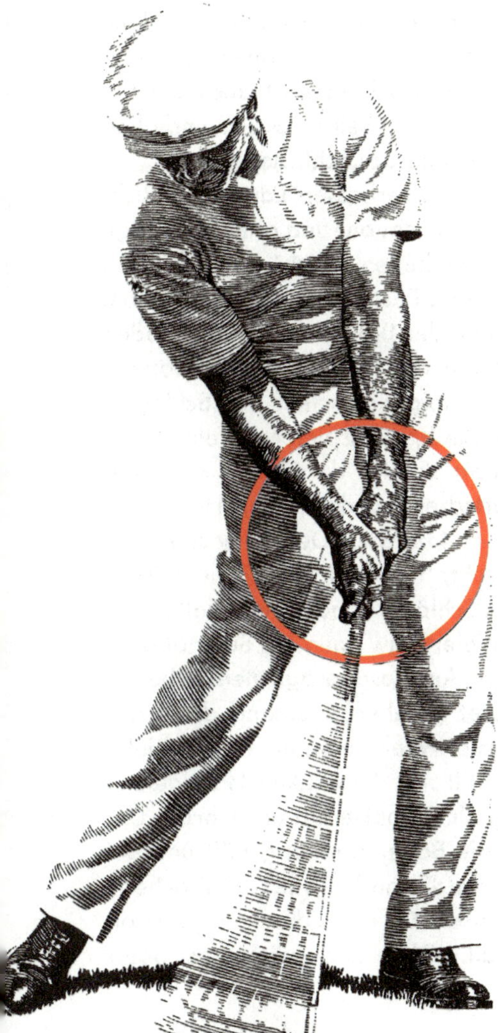

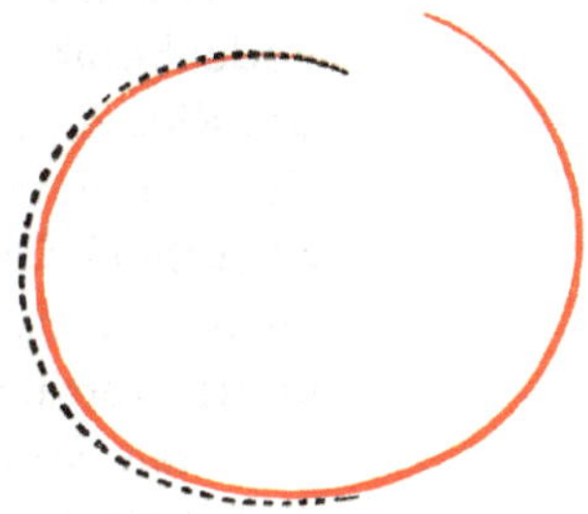

Falsche Kurve

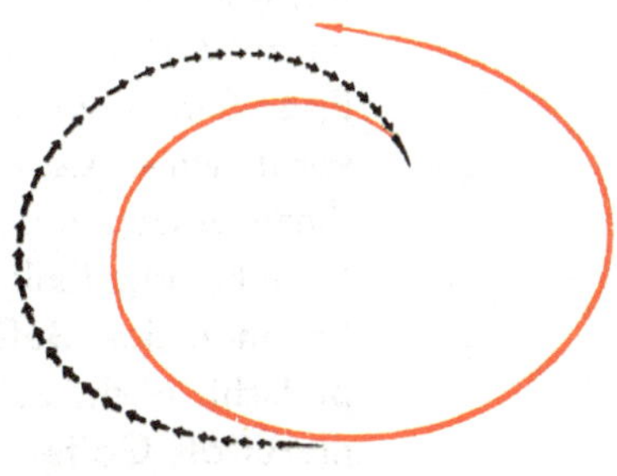

Richtige Kurve

das Schlägerblatt aufgedreht, gibt es einen wüsten Slice; ist es geschlossen, sind Hook und Pull unausbleiblich. Gerade wird der Ball niemals fliegen. Durch die Pronation der linken Hand hat sich der Spieler selbst um das Hochgefühl des wirklich gut getroffenen Balles gebracht.

Diese aufdrehende Bewegung macht den Abschwung zu einem Spiegelbild des Aufschwunges, was er nicht sein soll. Im Gegensatz dazu wirkt sich die Supination der linken Hand günstig aus: der Radius des Abschwungs wird erweitert; des Spielers Arme sind im Treffmoment fast und unmittelbar nachher ganz gestreckt. Je weiter aber der Radius des Schwunges ist, desto länger ist auch die Beschleunigungsstrecke des Schlägerkopfes. Seine Geschwindigkeit bestimmt mehr als alles andere die Länge des Schlages

Die Auswärtsdrehung der linken Hand verbessert Länge und Richtung, denn sie erleichtert es uns, den Ball sauber und ohne vorherige Bodenberührung zu treffen. (Mit einem hellen „Klick" fliegt der Ball des Klassespielers los wie ein Geschoß. Fast zwangsläufig wird bei einem einwandfreien Schlag auch erst der Ball und dann der Boden getroffen.) Da bei leichter Supination die Hände im Treffmoment etwas vor dem Ball sind, wird der Neigungswinkel des Schlägerblattes verringert. (Die Entfernung, die Spitzenspieler mit einem bestimmten Schläger erzielen, ist nicht zuletzt daraus zu erklären, daß diese Leute durch die Auswärtsdrehung der linken Hand beispielsweise ein Eisen 5 zu einem Eisen 4 machen. Der schwache Spieler, der die linke Hand einwärts dreht, tut genau das Gegenteil: er vergrößert den Neigungswinkel des Schlägers und verwandelt so ein Eisen 5 in ein Eisen 7.) Alle Klassespieler schwingen mit Supination – sonst wären sie keine Klassespieler. Am ausgeprägtesten habe ich diese Bewegung bei Jimmy Demaret gesehen; niemand dreht das linke Handgelenk mehr auswärts als er. Wenn man ihn treiben sieht, hat man das Gefühl, daß er den Ball mit dem linken Handgelenk peitscht. Nicht zuletzt daraus mag sich wohl erklären, warum Demaret als Golfer so langlebig ist, die Bälle so niedrig hält und bei Wind noch schnurgerade treibt, wenn die anderen jede Ballbeherrschung verloren haben. Weiterhin erhält man durch Supination auch den stärksten Rückwärtsdrall. Ohne sie wäre der überraschendste Schlag im Repertoire des modernen Berufsspielers nicht möglich, der flache Wedge. Der Ball sieht aus wie getoppt, aber wenn der das Grün trifft, beißt er sich förmlich ins Gras und bleibt liegen.

Im kurzen Spiel, also bei den Chips, Pitches, Bunkerschlägen und dergleichen arbeiten die Hände genau wie bei einem vollen Schwung. Mit Ausnahme natürlich des Explosionsschlages wird auch hier erst der Ball und dann der Boden getroffen. Das Ziel muß stets sein, mit einem abwärtsschwingenden Schlägerkopf an den Ball zu kommen und dann gut durchzuschlagen. Um ein Ansteigen des Balles braucht man sich nicht zu kümmern, denn das besorgt der Neigungswinkel des Schlägerkopfes. Durch Supination verhindern wir im kurzen Spiel das schreckliche Hacken und Löffeln und erhalten dafür einen Schwung, der ebenso koordiniert ist wie der des vollen Schlages.

Ehe wir Impaktsegment und Durchschwung verlassen, wäre noch auf einiges hinzuweisen. So gibt es in den verschiedensten Phasen des Schwunges Stellungen, die man kennen sollte. Man erreicht sie ganz natürlich, wenn man den Abschwung mit einer Hüftdrehung beginnt und dann in einer einzigen fließenden Bewegung bis zum Ende des Schlages durchschwingt. Es wäre falsch, diese Stellungen beim Üben erzwingen zu wollen; sie sind integrierende Bestandteile einer Kettenreaktion und natürliche Folgen eines jeden Schwungs, der richtig aufgebaut ist. Wenn ich sie hier trotzdem erwähne, so geschieht das, weil ich dadurch vielleicht einige falsche Vorstellungen ausrotten und darüber hinaus dem Leser eine Kontrollmöglichkeit für Spiel und Üben geben kann. Die meisten Golfer meinen, im Treffmoment müßten beide Arme völlig gestreckt sein. Das ist ein Irrtum: IM TREFFMOMENT IST DER RECHTE ARM NOCH LEICHT GEBOGEN. Je mehr er sich dem Ball im Abschwung nähert, desto mehr streckt er sich, aber erst 30 – 60 cm nach dem Treffen wird er ganz gerade. Dann ist auch der linke Arm gerade – und so haben wir hier den einzigen Augenblick im Schwung, wo beide Arme gleichzeitig gestreckt sind. Unmittelbar nachher beginnt der linke Arm unter Führung des sich auswärts drehenden linken Handgelenkes einzuknicken, nicht anders als es der rechte im Aufschwung tat.

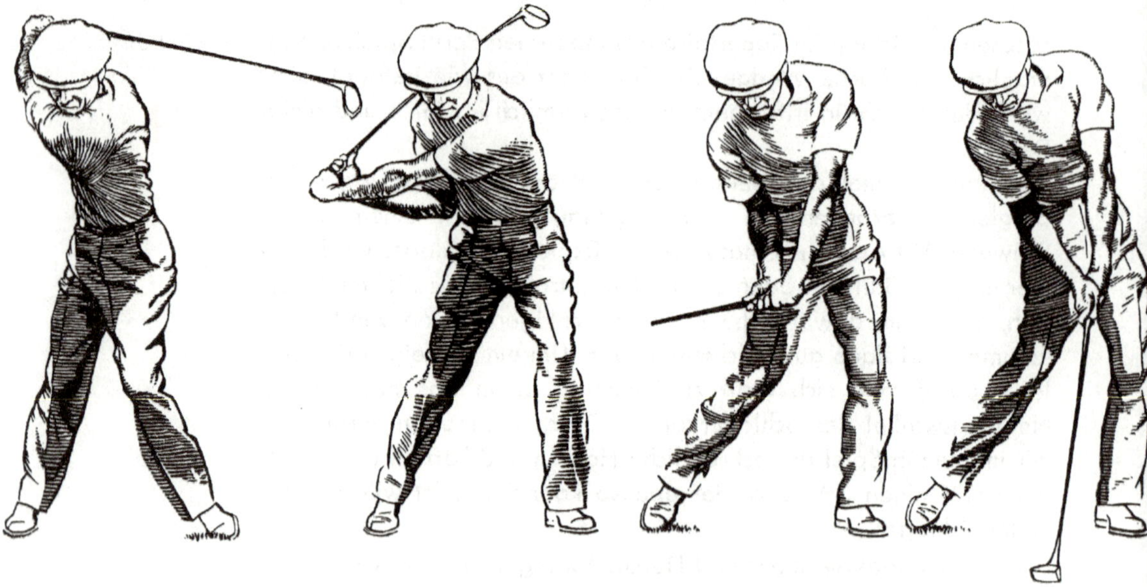

Auf dem Abschwung ist die richtige Reihenfolge der Bewegungen: Hüften, Schultern, Arme, Hände.

Der rechte Arm selbst bleibt bis zum Schwungende so gerade wie es der linke im Aufschwung war. Dort zeigt der linke Ellenbogen (im Aufschwung war es der rechte) gen Boden, und die rechte Schulter trifft das Kinn. Ich selbst treffe die Schulter mit dem Kinn etwa zwei Zentimeter vom Ende.

WENN NACH DEM TREFFEN DES BALLES BEIDE ARME AUSGESTRECKT SIND, ERREICHT DER SCHLÄGER SEINE HÖCHSTGESCHWINDIGKEIT – und nicht etwa im Treffmoment selbst. Die ungeheure Geschwindigkeit zieht den Körper herum und bringt ihn in die berühmte Schlußstellung. Dort sollte die Gürtelschnalle nicht nach dem Loch, sondern deutlich links davon zeigen. Haben wir weit und richtig durchgeschwungen, stehen die Hüften rechtwinklig zur Spielrichtung. WÄHREND DES GANZEN ABSCHWUNGES FÜH-

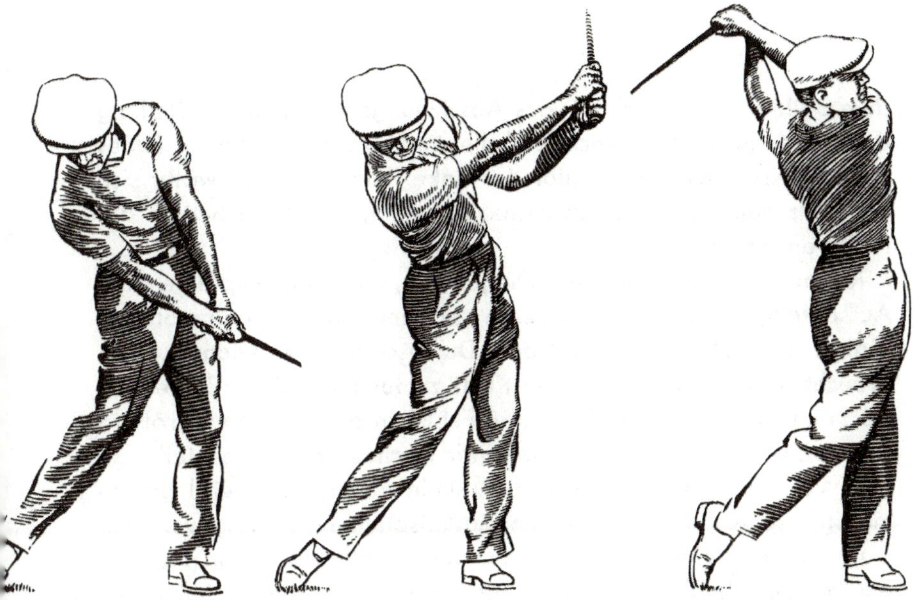

Jeder Körperteil, der neu eingesetzt wird, steigert die Geschwindigkeit im Sinne einer Kettenreaktion.

REN DIE HÜFTEN DIE SCHULTERN. Erst in der letzten Phase des Ausschwunges holen die Schultern die Hüften ein.

Viele Spieler glauben, beim klassischen Stil müsse das linke Bein im Treffmoment und im Durchschwung gerade sein wie ein Lineal. Das ist irrig. Ein gerades linkes Bein verhindert eine volle Hüftdrehung und bremst die nach links fließende Bewegung des Körpers ab. Wenn das Gewicht nicht genügend nach links verschoben wird, ist auch der Schwungbogen beengt, und Körper, Arme und Hände können nicht mehr ihre ganze Kraft einsetzen.

Wenn sich die Hände eines guten Spielers im Abschwung wieder annähernd auf Hüfthöhe befinden, haben sich die Hüften bereits so weit gedreht, daß sie nach dem Loch zu weisen beginnen. (Haben die Hände Hüfthöhe erreicht, zeigt die Gürtelschnalle etwa nach dem Ball.) Die Hüftdrehung des Abschwungs bestimmt die Stellung der Beine: je mehr Gewicht auf die Außenkante des linken Fußes verlegt wird, desto mehr gibt das linke Bein nach und wölbt sich auswärts dem Loch zu; das rechte hingegen knickt bei Beginn der Hüftdrehung am Knie ein.

Ich möchte denen, die diese Dinge üben, vor allem empfehlen, die Aufschwungebene zu kontrollieren und vielleicht eine halbe Stunde täglich der Hüftdrehung und dem Durchschlagen zu widmen. Man braucht dabei nicht die eigene Kraft zu fürchten. Viele Golfer tun das, denn sie meinen, daß sie ihre Fehler in dem Maße vergrößern würden, wie sie stärker schlagen. Mir erscheint das Gegenteil richtig. Wer bei jedem Schlag die Muskeln voll spannt, wird gleichmäßiger spielen, als wenn er die Muskelspannung ständig wechselt.

Ich habe in zahllosen Versuchen festgestellt, daß mein Ball am ehesten gerade bleibt, wenn ich mit ganzer Kraft schlage. Auf einem langen und schweren Platz wünsche ich mir nichts sehnlicher als den Körper eines Riesen. Je mehr Kraft ich hätte, desto wohler würde ich mich fühlen. O ja, ich würde schon damit umzugehen wissen – und wenn ich die Grüns von hinten anspielen müßte!

5

Zusammenfassung und Rückblick

Wie ich eingangs ausgeführt habe, ist dieses Buch ein Extrakt des Wissens, das ich mir im Laufe meiner fünfundzwanzigjährigen Tätigkeit als Berufsspieler angeeignet habe. Ich verfolge damit ein doppeltes Ziel. Zunächst hoffe ich des Durchschnittsspielers Freude an diesem so unglaublich fesselnden Spiel dadurch erhöht zu haben, daß ich ihm den Weg gezeigt habe, wie man ein echter Golfer mit einem richtigen, kräftigen, wiederholbaren Schwung werden kann. Dazu ist jeder Spieler imstande, der die in den vier ersten Lektionen behandelten grundlegenden Bewegungen begreift, übt und während zumindest einer Spielzeit ständig beachtet.

Zweitens hoffe ich, daß diese Lektionen als Ausgangspunkt für eine noch genauere Erforschung des Golfschwungs dienen werden. Jahr um Jahr vertieft sich unser Wissen um den Schwung. Jede neue Erkenntnis ist Wegbereiterin für eine noch bessere Lösung der Probleme. Golf ähnelt darin der Medizin: ebenso wie die heutigen Erkenntnisse Erfindungen ermöglichen, die die Medizin in vielleicht fünfzehn Jahren machen wird, ebenso wird die Golftheorie später einmal auf dem aufbauen, was wir heute erarbeiten. Ich halte in eines Golfers Leben etwa fünfzehn bis zwanzig Jahre für wirklich fruchtbar, für eine Zeit, in der sein Streben nach größtmöglicher persönlicher Leistung ihn dazu anregt, ständig alle Phasen der Schlagtechnik kritisch unter die Lupe zu nehmen. Was ein einzelner herausfinden kann, ist begrenzt, denn die Woche hat nun einmal nur sieben Tage, und des Nachts ist es dunkel. Hätte ich bei Beginn meiner Berufsspielerlaufbahn schon das gewußt, was ich mir bis 1957 erarbeitet habe, dann hätte ich mit meinen Versuchen an diesem Punkt beginnen können. Vielleicht wäre es mir dann vergönnt gewesen, auf der Höhe meines Golflebens noch gründlicher in die Golfweisheit einzudringen. Die Freude an solch neuen Erkenntnissen bleibt nun Jüngeren vorbehalten.

Unlängst kam mir der Gedanke: „Wie lange arbeitest Du nun schon an der Vertiefung Deines Golfwissens!" Ich werde wohl dreizehn Jahre alt gewesen sein, als ich begann, mich ernsthaft mit meinem Spiel auseinanderzusetzen. Ich war damals Caddie beim Glen Garden Club in Fort Worth. Mein Modell war Ed Stewart, ein Mitglied des Clubs und ein ausgezeichneter Spieler. Er war ein einfacher Arbeiter, und da er es sich nicht leisten konnte, sehr oft zu spielen, wollte keiner der anderen Caddies regelmäßig bei ihm tragen. Das war mein Glück. Ich schulterte seine Schläger auf jeder Runde und studierte dabei genau seinen Schwung und seine Technik. Nach Spielende ging ich dann hinaus, verglich meinen Schwung mit dem seinen und versuchte solche Bewegungen zu übernehmen, die offensichtlich richtig und wünschenswert waren.

Die erste wichtige Änderung meines Stils betraf das linke Knie, das ich im Aufschwung unvermittelt ballwärts zu stoßen pflegte. Ed Stewarts Knie hingegen knickte weich nach rechts ein. Ich übte diese Bewegung auf dem heimatlichen Rasen, bis kein Gras mehr zu sehen war. In der Gegend, wo wir damals wohnten, war hinter jedem Haus ein kleiner Rasenplatz, durch eine Hecke von dem des Nachbarn getrennt. Der Kolonialwarenladen war etwa sechs Grundstücke, also sechs Rasen, von dem unseren entfernt. Wenn mich meine Mutter dorthin zum Einkaufen schickte, benutzte ich nie die Straße: ich spielte mich hin. Manchmal machte ich Chips von einem Rasen zum anderen, manchmal bildete der übernächste Rasen mein „Grün", manchmal spielte ich auch ein volles Eisen 9 bis in den Garten des Kolonialwarenhändlers. Bei jedem Schlag beobachtete ich mein linkes Knie oder das, woran ich sonst gerade arbeitete. Ich bezweifle, daß diese Übungen den Rasenflächen sehr gutgetan haben – meinem eigenen Spiel haben sie ungeheuer genützt.

Im Golf lernt man manches sehr früh und anderes erstaunlich spät. Nehmen wir drei Dinge, die ich heute als grundlegend ansehe: den Waggle, die Hüftdrehung und die Ebene des Aufschwungs. Schon verhältnismäßig früh erkannte ich die Bedeutung eines richtigen Waggles. Es war im Jahre 1932, als ich gerade begann, an den großen Wettspielrundreisen teilzunehmen. Ich beobachtete häufig Johnny Revolta, unterhielt mich mit ihm und erfuhr dabei, daß dieses Genie des kurzen Spiels der Eigenart eines jeden Schlages durch kleine Änderungen seines Waggles entsprach. Mußte er etwa einen Ball über einen Bunker lupfen und dann rasch anhalten, so pendelte er kurz und kantig, gleichsam staccato. In diesem Rhythmus schlug er dann den Ball und gab ihm damit ein Höchstmaß an Rückwärtsdrall. Wenn er hingegen den Ball auf einer bestimmten Stelle eines sehr schnellen Grüns aufsetzen und dann zum Loch hinuntertrudeln lassen wollte, bestand sein Waggle aus einer Reihe weicher, fast zeichnerischer Bewegungen, die ausschließlich aus den Fingerspitzen zu kommen schienen. So riesig sein Repertoire allein an Chips war, stets war sein Waggle dem betreffenden Schlag angepaßt. Sehr bald kam mir der Gedanke, Johnnys Methode nicht nur für die kurzen, sondern auch für alle meine langen Schläge zu übernehmen. Mit Erfolg setzte ich diesen Gedanken in die Tat um.

Nicht viel später, vielleicht Mitte der dreißiger Jahre, gewann ich aus Filmaufnahmen der besten Golfer jener Zeit die Erkenntnis von der Wichtigkeit einer richtigen Hüftdrehung. Erst 1938 dagegen erfaßte ich den Begriff der Schwungebene. Ich hatte schon gelegentlich über diese Frage nachgedacht und auch die Ebene untersucht, auf der der Schläger im Baseball schwingt; aber erst als mir die Unregelmäßigkeit meines Aufschwungs Sorge machte, ging ich ernstlich an eine Untersuchung auch des Golfschwunges. Lange ehe ich die volle Bedeutung der Ebene für den Durchschnittsspieler erkannt hatte, war mir klar, daß ich hier etwas entdeckt hatte, was für mein eigenes Spiel ungeheuer wichtig war. Bei der Winterrundreise jenes Jahres stand ich denn auch Abend für Abend in meinem Hotelzimmer, studierte vor dem großen Spiegel die Aufschwungebene und versuchte, sie mir so genau einzuprägen, daß ich sie am nächsten Tage beim Spiel immer wieder finden würde.

Je gründlicher ich in den Jahren vor dem Krieg den Golfschwung erfaßte, desto mehr Erfolg hatte ich in den Wettspielen. Dennoch dauerte es bis zum Jahre 1946, ehe ich wirklich Zutrauen zu meinem Schwung hatte. Wenn ich vor dieser Zeit auf einer Runde gut spielte, wußte ich, daß das so bleiben würde und ich eine Siegeschance hätte. Vor der Runde aber hatte ich keine Ahnung, ob ich in 69 oder 79 herumgehen würde. Ich hatte das Gefühl, von einem Tag zum anderen außer Schlag kommen zu können. Es fehlte mir die Gewißheit, eine leidliche Runde auch dann noch spielen zu können, wenn ich nicht ganz in Form war. Meine Freunde lachten mich aus, meinten, daß mein Schläger wie in einer Rinne laufe und fanden es albern, daß ich mir so viel Gedanken machte. Aber meine Zweifel verließen mich nicht. Ob ich gewann oder verlor, immer dachte ich sorgenvoll an den kommenden Tag.

Im Jahre 1946 änderte sich plötzlich meine Einstellung. Ich begann zu fühlen, daß ich einen Tag wie den anderen gut zu spielen vermöchte und daß keinerlei Anlaß vorlag, ständig einen Zusammenbruch zu fürchten. Ich glaube, der Grund zu diesem neuen Selbstvertrauen war dies: ich hatte aufgehört, eine große Zahl schwierigster Dinge haargenau richtig tun zu wollen, weil ich erkannt hatte, daß ein solcher Perfektionismus weder notwendig noch ratsam war. Es kam lediglich darauf an, dem Körper gewisse grundlegende Dinge – und es waren gar nicht viele – so fest einzubläuen, daß die Muskeln die entsprechenden Bewegungen fortan von selbst machten. Alle diese Bewegungen waren leicht zu überprüfen, und es konnte nicht schwer sein, sie auch an Tagen auszuführen, wo man sich nicht in Höchstform fühlte. Ich weiß nicht, was zuerst kam, das Huhn oder das Ei, aber als ich zu fühlen begann, daß ich gutes Golf auch spielen konnte, wenn nicht alles nach Wunsch lief, wurden meine

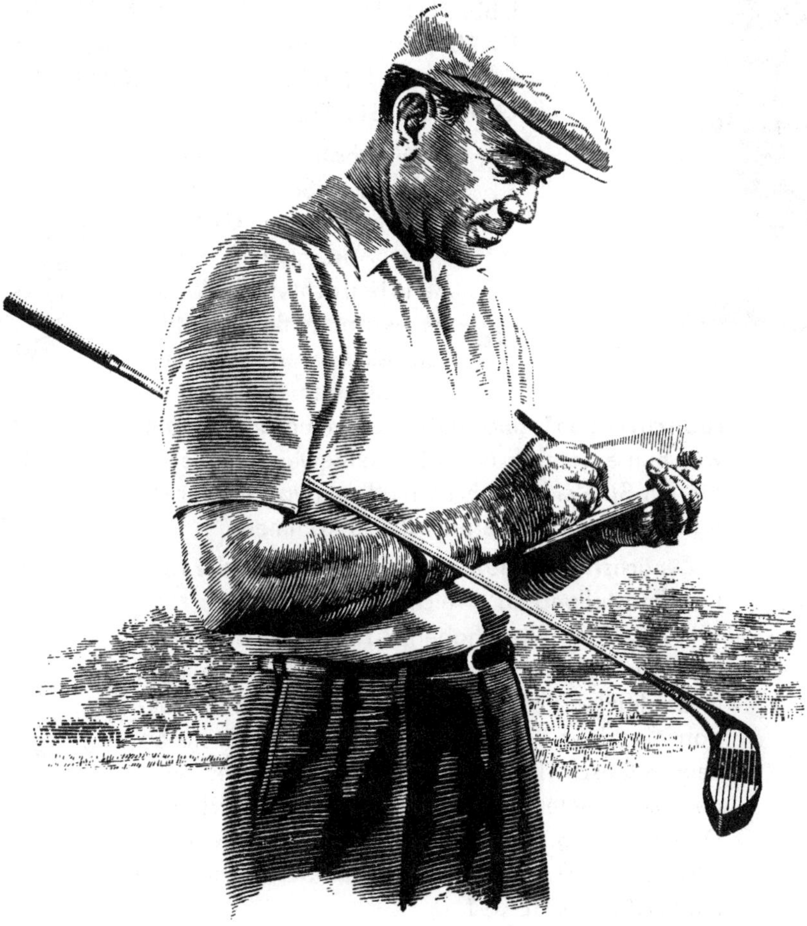

Ich habe gute Erfahrungen damit gemacht, nach dem Üben aufzuschreiben, was ich geübt habe und mit welchem Erfolg.

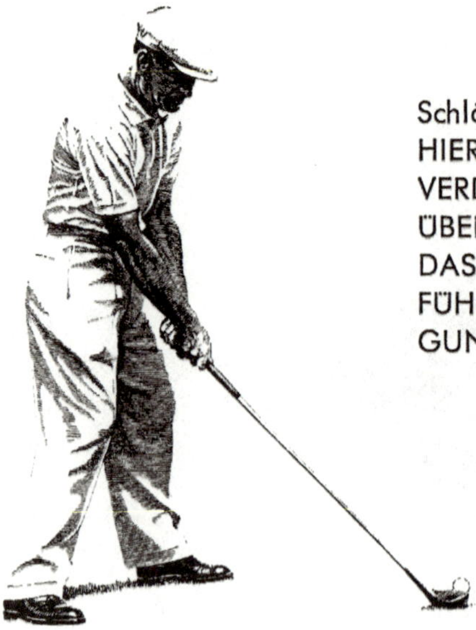

Schläge immer regelmäßiger. ICH MÖCHTE ES HIER WIEDERHOLEN: DIESEN FORTSCHRITT VERDANKE ICH NACH MEINER EHRLICHEN ÜBERZEUGUNG ALLEIN DER ERKENNTNIS, DASS FÜR GUTES GOLF DIE RICHTIGE AUSFÜHRUNG EINIGER GRUNDLEGENDER BEWEGUNGEN GENÜGT.

Wir haben auf diesen Seiten den Schwung Phase für Phase, vom Griff bis zum Ausschwung eingehend betrachtet. Ich glaube, es wäre außerordentlich lehrreich, wenn wir nun einmal „den Schläger zurückschwingen" und dabei untersuchen würden, was nun eigentlich die Schlüsselbewegungen sind, die ein Spieler ausführen muß, um von einer richtigen Stellung in die nächste zu kommen.

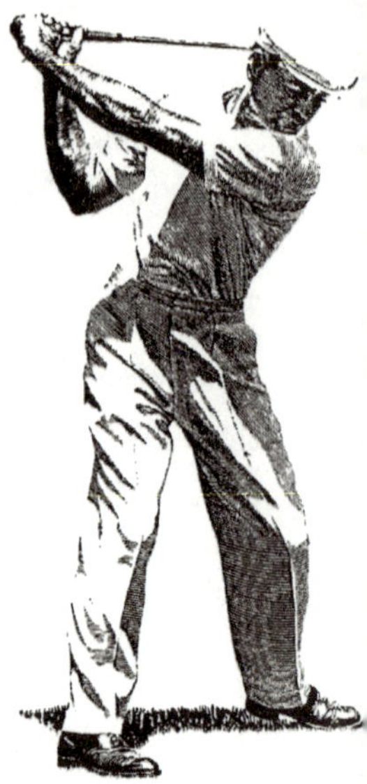

Zunächst: was muß ein Golfer tun, um die richtige Endstellung zu erreichen?

Wie wir gesehen haben, ist der Durchschwung nicht die Folge irgendwelcher neuer Bewegungen in der letzten Phase des Schlages. Die Kettenreaktion einzelner Bewegungen und die durch sie erzeugte Geschwindigkeit des Schlägerkopfes zwingen den Spieler vielmehr in einen völlig richtigen Durchschwung. Voraussetzung ist, DASS MAN RICHTIG AN DEN BALL KOMMT UND DANN EBENSO RICHTIG DURCH DEN BALL HINDURCHSCHLÄGT.

Was sind nun die grundlegenden Dinge, die man beachten muß, um im Treffmoment richtig zu stehen? Nun, jeder Golfer wird da richtig stehen, wenn er drei Bewegungen einwandfrei ausgeführt hat: 1. er muß den Abschwung mit einer Hüftdrehung einleiten; 2. er muß in einer einzigen fließenden Bewegung bis zum Ende durchschwingen, wobei Hüften, Schultern, Arme und Hände in dieser

Reihenfolge tätig werden; 3. er muß unmittelbar vor dem Treffen des Balls damit beginnen, das linke Handgelenk nach außen zu drehen (Supination). An mehr braucht er nicht zu denken, VORAUSGESETZT, DASS DIE AUFSCHWUNGSTELLUNG RICHTIG GEWESEN IST.

Wie aber kommt er in die richtige Aufschwungstellung? Er wird im wesentlichen einwandfei stehen, wenn er 1. den Waggle richtig ausführt; 2. den Aufschwung mit Händen, Armen und Schultern beginnt und es den Schultern überläßt, die Hüften herumzuziehen; 3. während des ganzen Schwunges in der richtigen Ebene bleibt. An mehr braucht er im Aufschwung nicht zu denken, VORAUSGESETZT, DASS DIE ANSPRECHSTELLUNG RICHTIG GEWESEN IST.

Und schließlich: wie kommt er zu einer richtigen Ansprechstellung? Die Antwort lautet: durch richtige Fußstellung, richtige Körperhaltung und richtigen Griff.

Wie man sieht, ist die Zahl der Dinge, die es zu beachten und zu lernen gilt, gar nicht groß; wenn ich nicht irre, sind es acht. Der Schwung beginnt mit dem Griff und baut sich auf ihm auf. Jede richtige Bewegung löst die folgende aus: das ist die Kettenreaktion.

Wenn der Leser Schwierigkeiten mit einer Phase seines Schwunges hat, so sollte er das hier über diese Phase Gesagte nachlesen und den Fehler dann auf der Übungswiese ausbügeln. BEIM ÜBEN WIE BEIM SPIEL SUCHE MAN DIE WIRKLICHEN URSACHEN UND MÜHE SICH NICHT MIT SYMPTOMEN AB. Nehmen wir den Fall eines Spielers, der den Kopf hochreißt und den Ball toppt. Sein Partner wird ihm zumeist sagen: „Du hast den Kopf nicht unten behalten!", als wäre das die Ursache des schlechten Schlages. Was gar nicht zutrifft. Der wirkliche Grund ist eine falsche Bewegung im Schwung gewesen, die den Spieler gezwungen hat, den Kopf hochzureißen. Wer beispielsweise den Abschwung mit den Schultern oder Händen statt mit den Hüften beginnt, kann den Kopf gar nicht unten halten. Wer hingegen richtig schwingt, ist förmlich gezwungen, den Ball bis zuletzt anzusehen.

Auf den folgenden Seiten wollen wir uns noch einige entscheidende Bewegungen und Stellungen ansehen, die es sich lohnt, oft zu üben und ständig zu überprüfen.

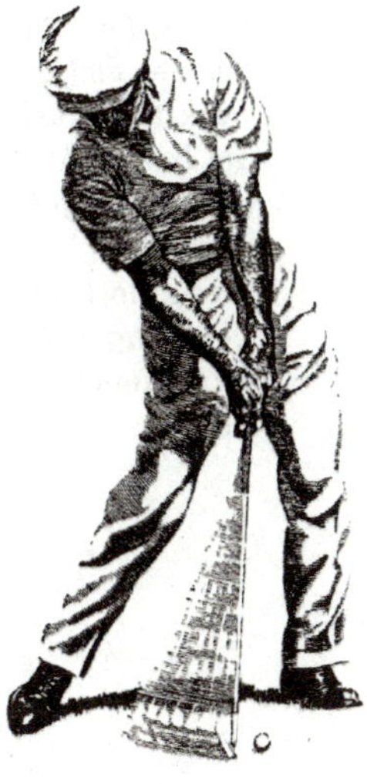

Der Griff

Linke Hand

Der Schläger wird so gelegt, daß er gegen das Muskelpolster an der linken Handtellerwurzel drückt und auf dem ersten Glied des Zeigefingers liegt. Der meiste Druck wird von dem Polster und den drei letzten Fingern ausgeübt. Das „V" weist auf das rechte Auge.

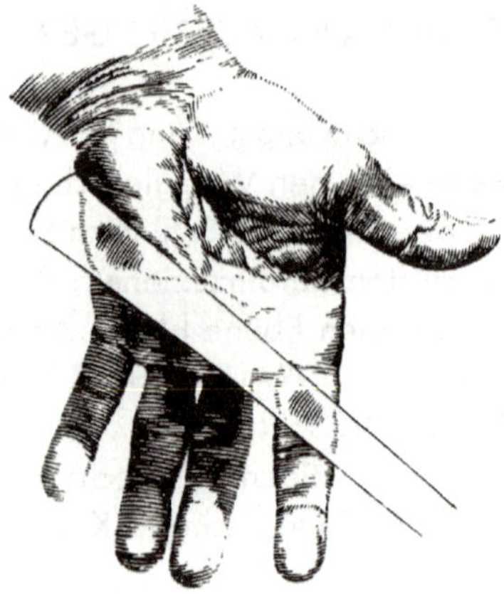

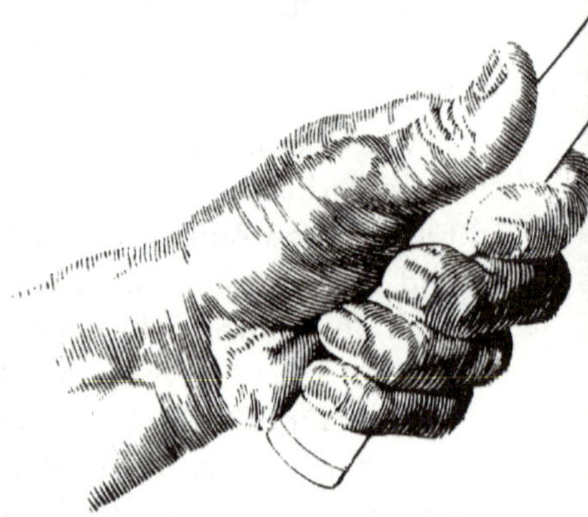

Rechte Hand

Ein Fingergriff. Der Schaft kreuzt, deutlich außerhalb des Handtellers, die unteren Glieder der Finger. Den stärksten Druck üben die beiden Mittelfinger aus. Eine gute Übung sind Schläge mit abgespreizten Daumen und Zeigefinger. Das „V" weist genau auf das Kinn.

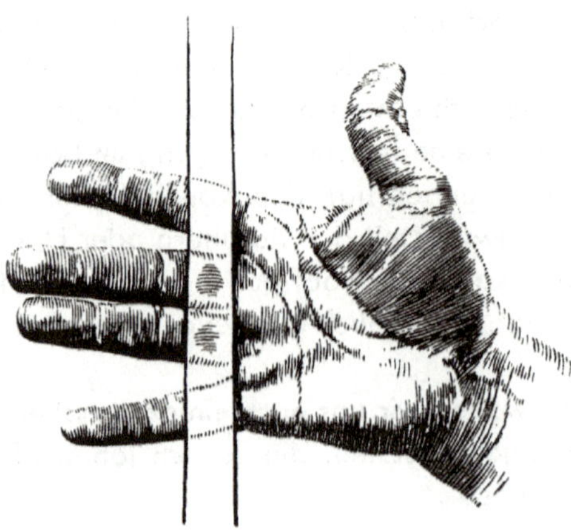

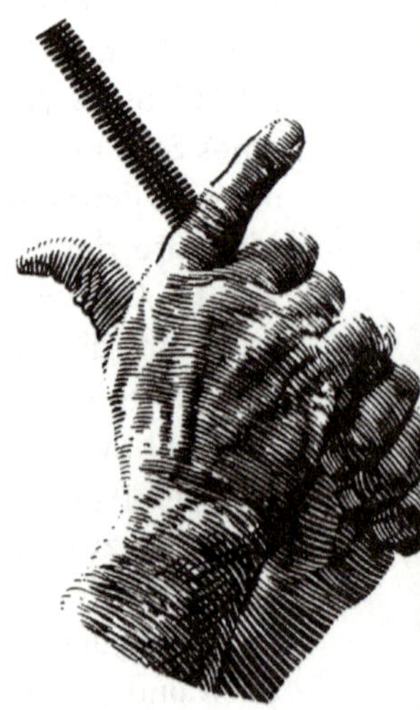

Fertiger Griff

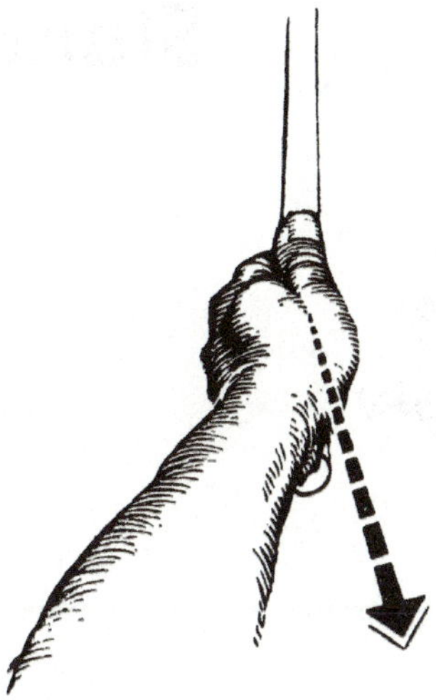

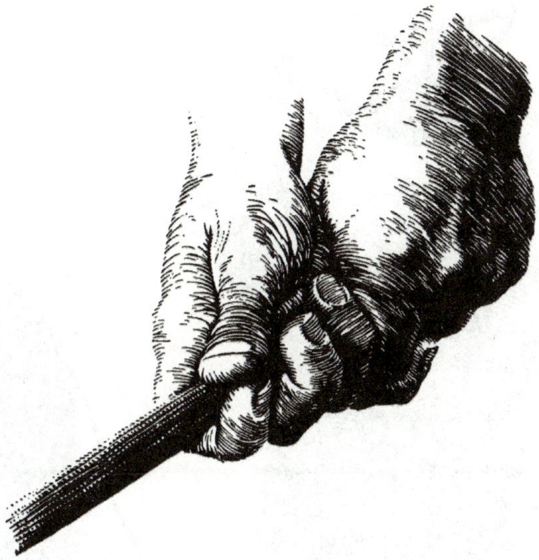

Beide Hände sollen zu einer Einheit werden. Der kleine Finger der rechten Hand kuschelt sich in das Tal zwischen den Knöcheln von Zeige- und Mittelfinger der linken Hand. Der linke Daumen paßt genau in die Mulde der rechten Handwurzel.

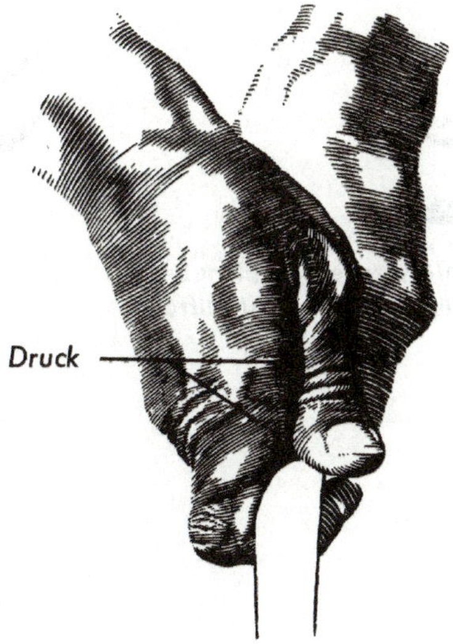

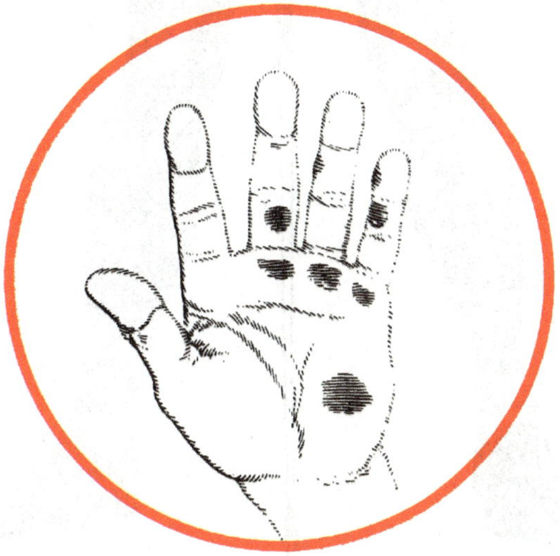

Hier sollen die Schwielen liegen

Stand

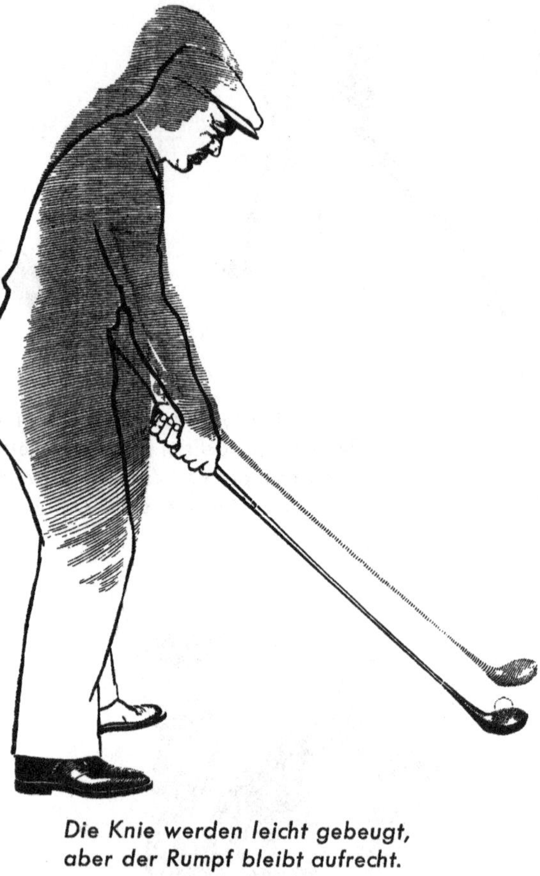

Die Knie werden leicht gebeugt, aber der Rumpf bleibt aufrecht.

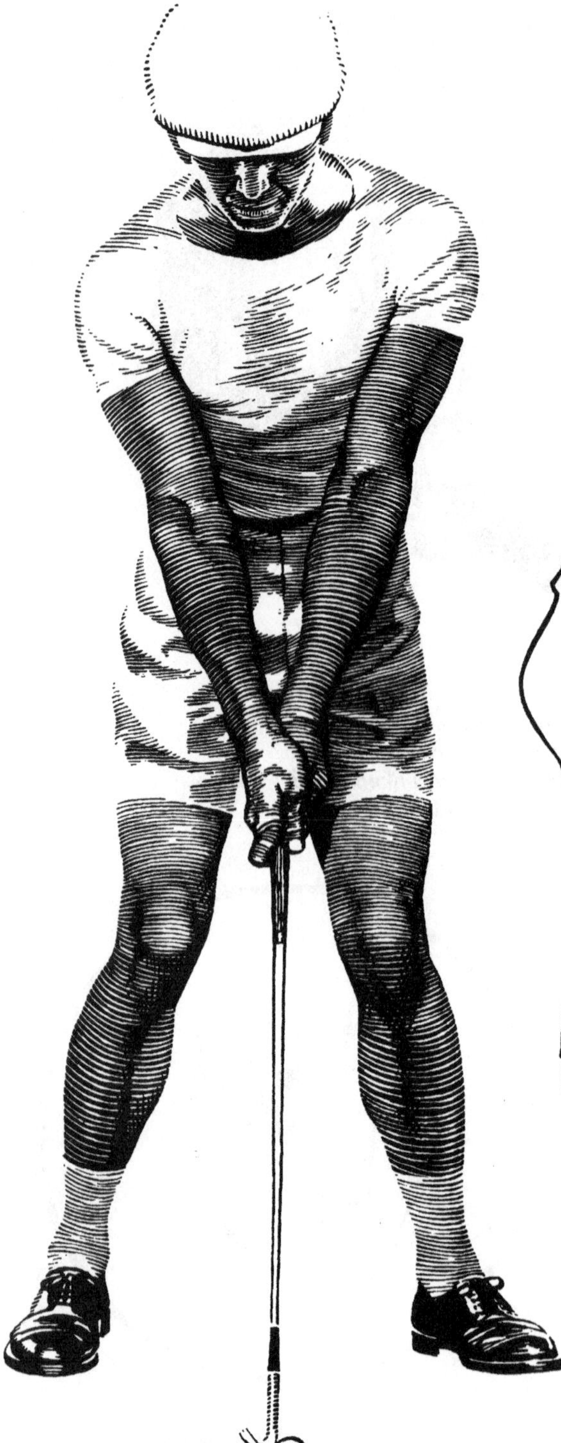

Es gibt nur eine richtige Grundstellung: der rechte Fuß steht rechtwinklig zur Spielrichtung, der linke ist um $^1/_4$-Drehung geöffnet. Bei einem Eisen-5-Schlag sind die Füße auf Schulterbreite gespreizt. Der Stand ist breiter bei den längeren und enger bei den kürzeren Schlägern. Die Arme sollen gegeneinander gepreßt werden. Wichtig ist endlich, die Knie einwärts zu drehen.

und Haltung

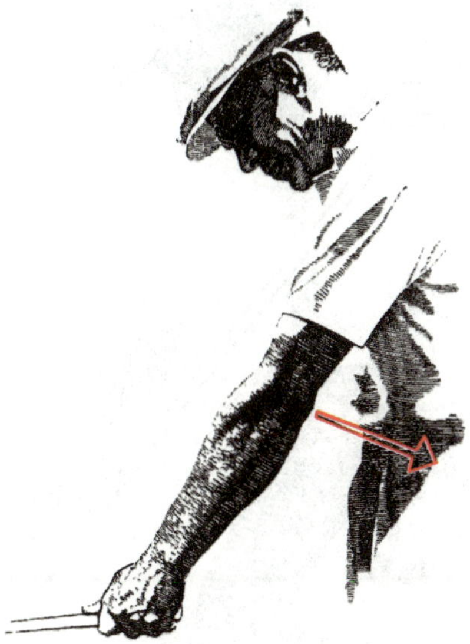

Der linke Ellenbogen zeigt genau auf den linken Hüftknochen.

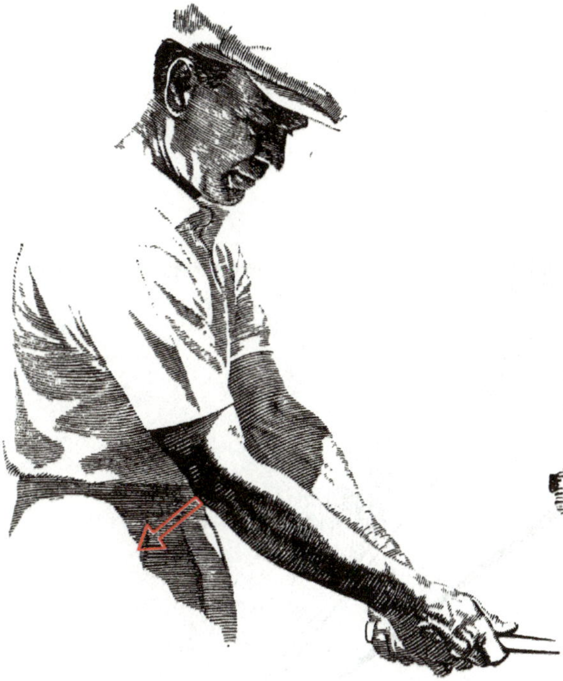

Der rechte Ellenbogen zeigt genau auf den rechten Hüftknochen.

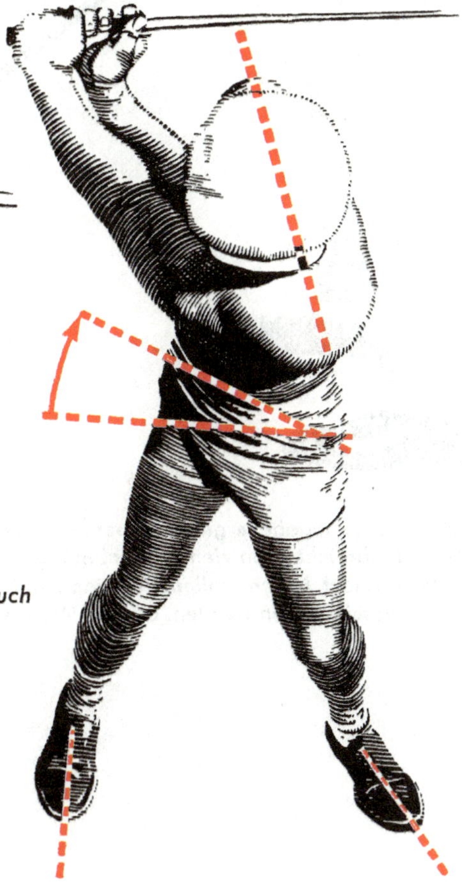

Bei einem richtigen Stand muß auch die Hüftdrehung richtig werden.

Des Schwunges erste

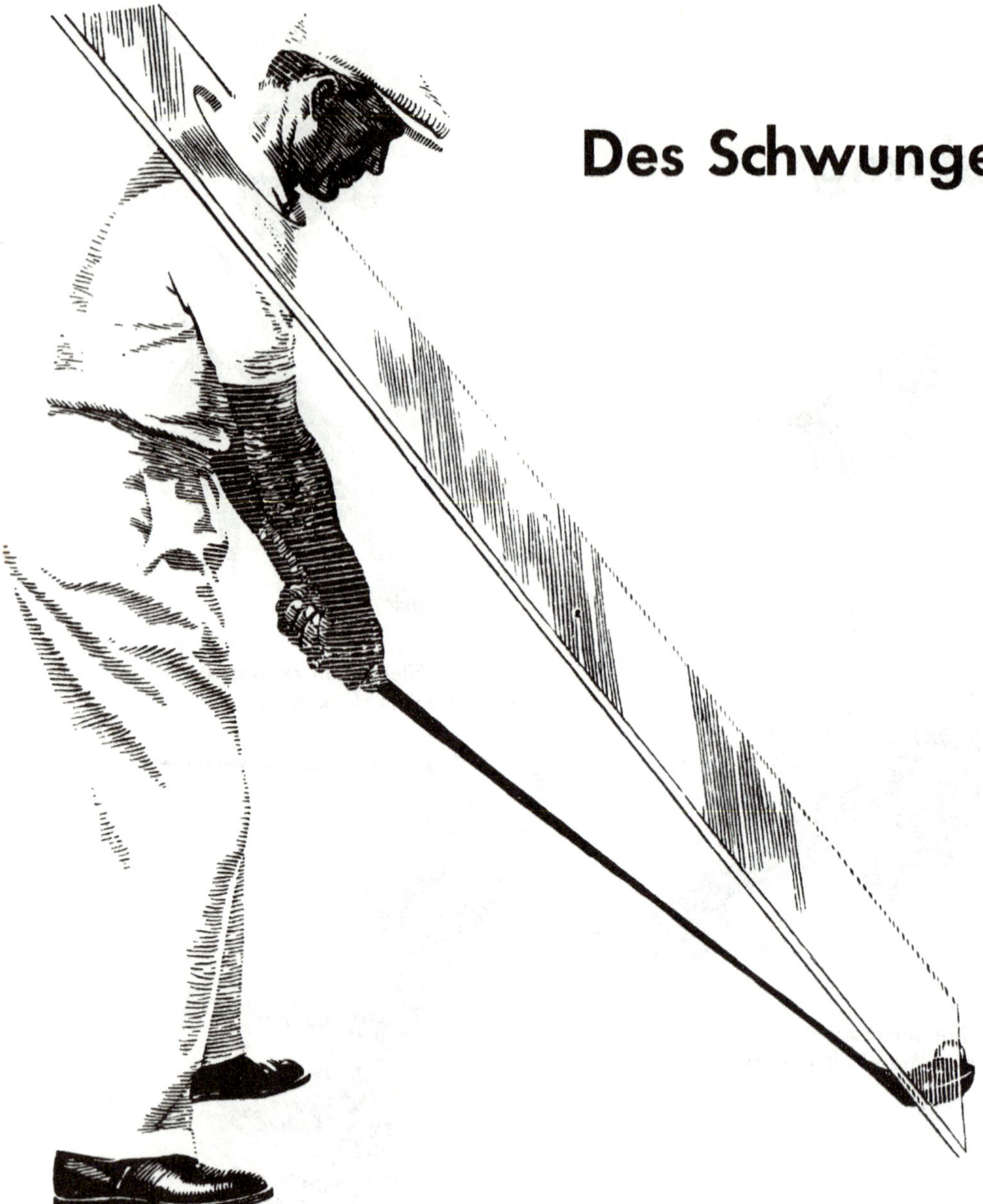

Die Ebene

Die Aufschwungebene gleicht einer Glasscheibe, die von den Schultern zum Ball hinabreicht. Von dem Augenblick an, wo die Hände annähernd Hüfthöhe erreicht haben, sollen sie knapp unterhalb und parallel zur Scheibe weitergeschwungen werden, bis der Wendepunkt erreicht ist.

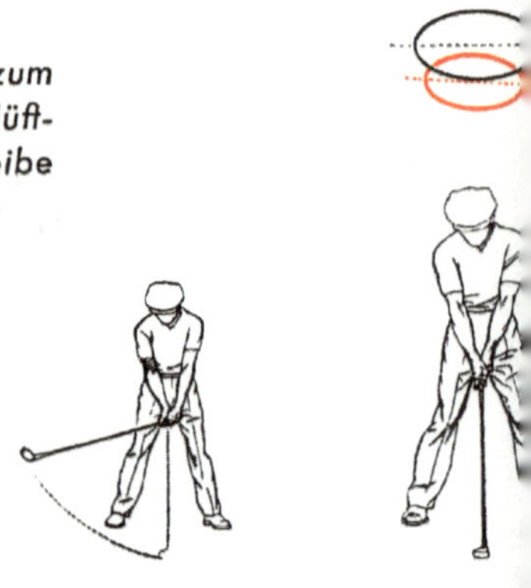

Teil

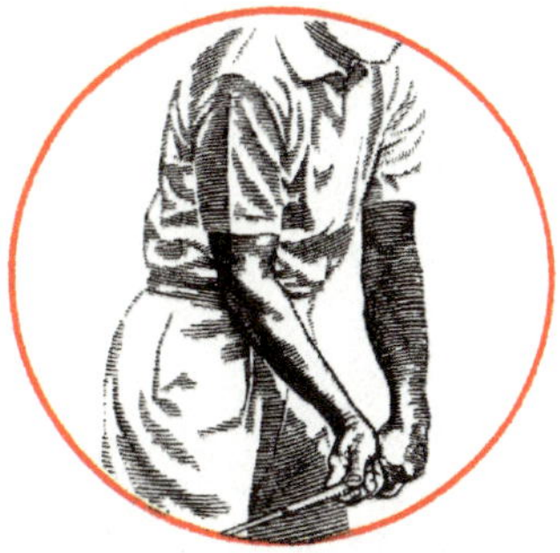

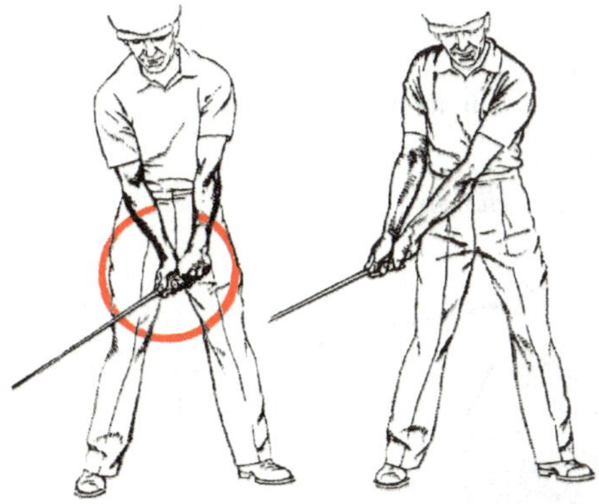

Waggle Aufschwung

Der Waggle

Beim Zurückpendeln stößt der rechte Ellenbogen vorn gegen den Hüftknochen. Wenn sich der linke Unterarm zu drehen beginnt, ist der Schläger bereits auf der Aufschwungebene.

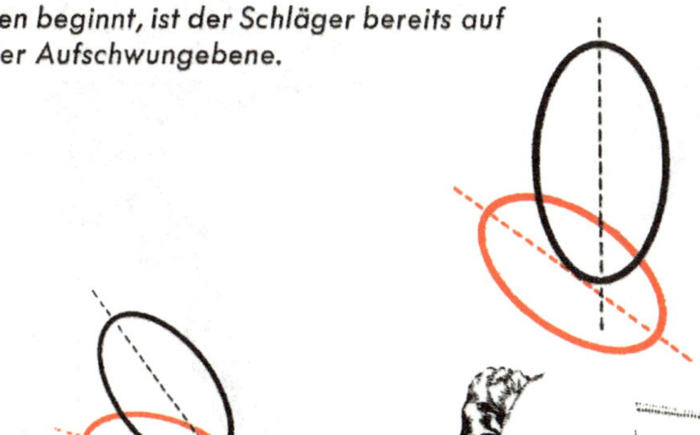

Reihenfolge der Bewegungen

Der Schläger wird fast gleichzeitig von Händen, Armen und Schultern zurückgeschwungen. Die Schulterdrehung leitet die Hüftdrehung ein. Die notwendige Spannung der Muskeln zwischen Schultern und Hüften entsteht durch ein Verhalten der Hüftdrehung.

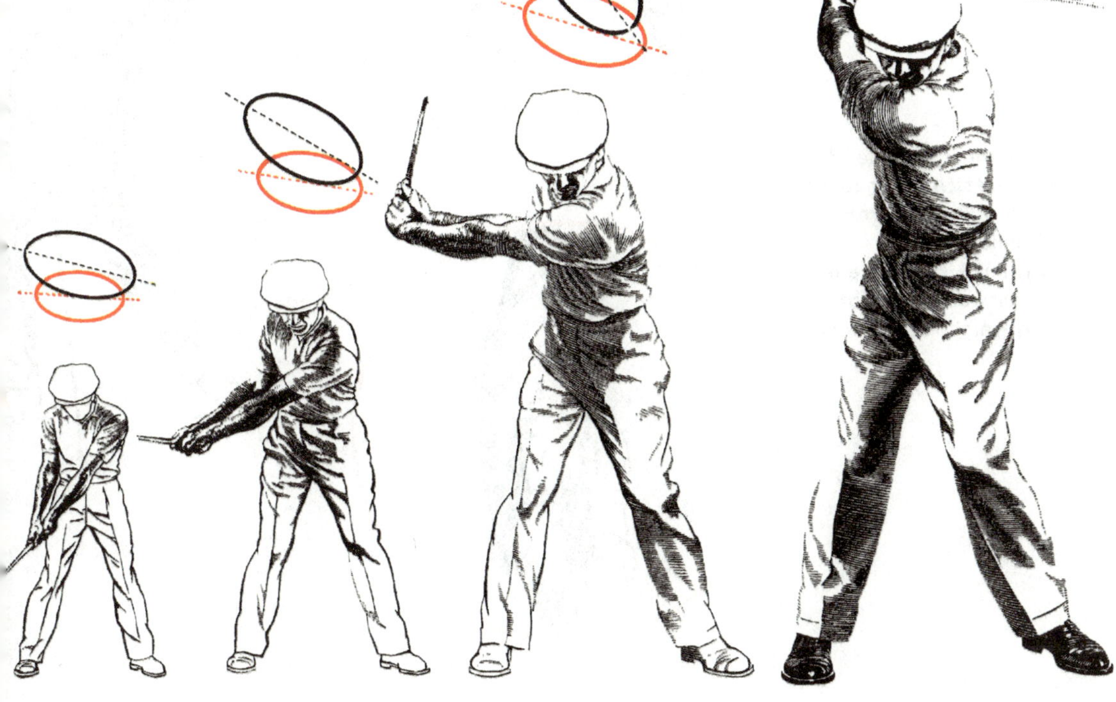

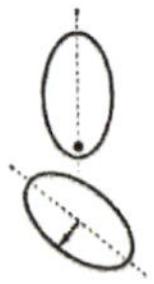

De

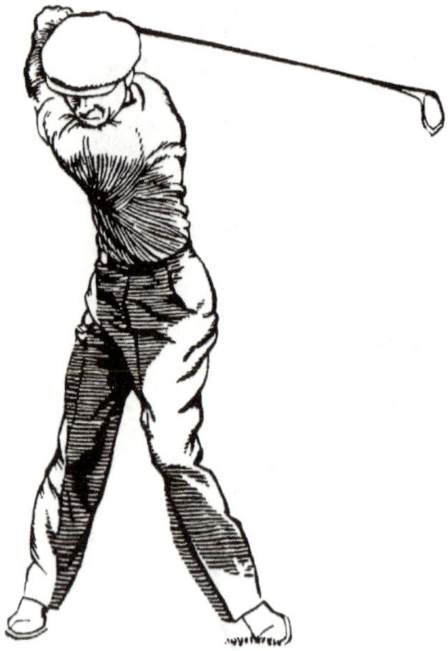

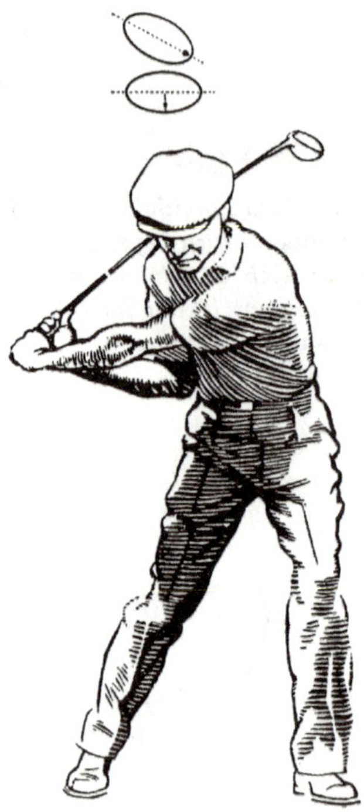

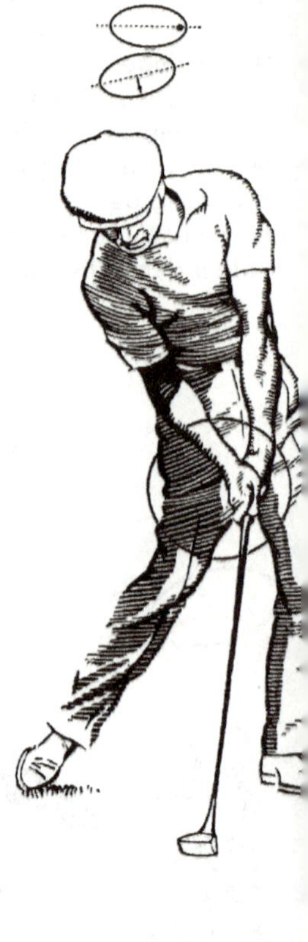

Unmittelbar vor dem Treffen des Balles beginnt sich die linke Hand nach außen zu drehen (Supination). Das linke Handgelenk ist auswärts gewölbt und weist auf das Loch.

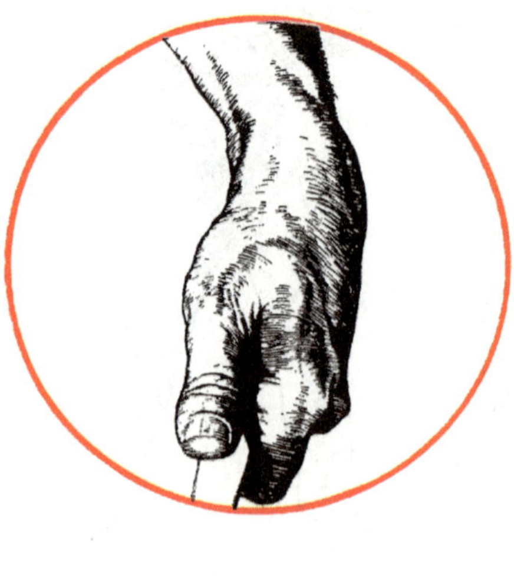

chwunges zweiter Teil

Ein Zurückdrehen der Hüften nach links leitet den Abschwung ein. (Wie die beiden ersten Bilder zeigen, werden Arme und Hände durch diese Bewegung fast bis auf Hüfthöhe gesenkt.) Die Hüften lösen die Kettenreaktion des Abschwunges aus. Wenn sie sich nach links drehen, geben sie Rumpf, Beine und Arme für eine zusammenhängende Bewegung nach links frei. Sobald er in den Schwung eingreift, trägt jeder Körperteil dazu bei, Geschwindigkeit und Kraft des Schwunges zu steigern. In dieser Kettenreaktion übertragen Oberkörper und Schultern die sich mehrende Kraft auf die Arme; die Arme vervielfachen sie und leiten sie in die Hände; auch die Hände vervielfältigen sie. So kommt es, daß der Schlägerkopf schließlich mit einer unerhörten Geschwindigkeit an und durch den Ball geschlagen wird.

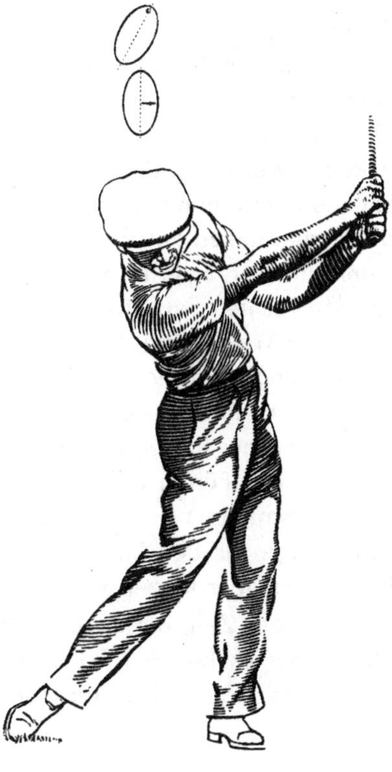

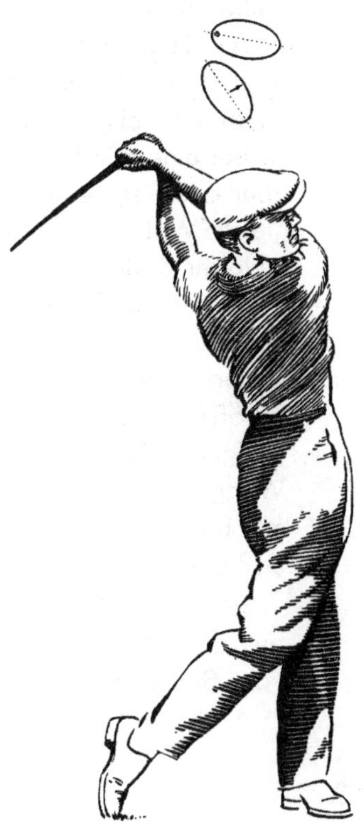

Auf diesen Seiten ist das von allem Nebensächlichen befreite Gerippe des Golfschwunges gezeigt worden. Mehr braucht der Golfer nicht zu wissen, wenn er einen kraftvollen, richtigen, wiederholbaren Schwung anstrebt. Sofern er diese grundlegenden Bewegungen lernt – und jeder Mann und jede Frau, die normal gebaut sind, können das –, wird er sein Spiel ständig verbessern. Er braucht sich auch nicht mehr um das „Timing" zu kümmern, wie es jener Golfer tun muß, der wild in die Gegend schießt, weil er versucht, den Schwung allein auf der Tätigkeit der Hände aufzubauen. Bei dem Spieler, der sich auf die Kettenreaktion richtiger Bewegungen verläßt, ist das „Timing" selbstverständlich – eben die Kettenreaktion hat es besorgt.

Unsere Lehrmethode ist aber auch in anderer Hinsicht wertvoll: der Schüler braucht nur einen einzigen Schwung zu lernen. FÜR ALLE SEINE SCHLÄGE BENUTZT ER EINEN IM GRUNDE GLEICHEN SCHWUNG. Bei allen normalen Schlägen soll der Ball zum linken Fuß gleich ausgerichtet sein. (Bei mir liegt er gegenüber einer Stelle, die sich ein bis zwei Zentimeter rechts vom linken Absatz befindet.) Hier sind kleine Abweichungen lochwärts oder entgegengesetzt durchaus möglich, denn die jeweils beste Lage ist bestimmt durch den tiefsten Punkt des Schlägerkopfes auf seiner Bahn, und der ist bei einem jeden Menschen verschieden. Wo immer dieser Punkt aber auch ist, seine Lage im Verhältnis zum linken Fuß bleibt stets gleich. Will man den Stand wegen der kürzeren Schäfte der Eisenschläger ändern, rückt man lediglich den rechten Fuß etwas näher an den linken heran. Ob man einen vollen Treibschlag, ein Fünfer-Eisen oder einen Wedge spielt, der Schwung wird nie bewußt geändert. Ohne daß man es merkt, wird er sich infolge der kürzeren Schäfte etwas ändern. (Die Längen einiger meiner Schläger betragen übrigens: Driver 109 cm, Zweier-Eisen 98 cm, Fünfer-Eisen 94 cm, Wedge 88 cm). Je kürzer der Schaft eines Schlägers ist, desto näher am Ball muß der Spieler stehen. Die Folge für den Schwung ist, daß die Ebene steiler, die Länge des Bogens aber kürzer wird.

Bei einem kürzeren Schwung bleibt weniger Zeit, die linke Hüfte aus dem Weg zu räumen. Deshalb nehme ich bei den Schlägern vom Sechsereisen bis hinunter zum Wedge eine kleine Änderung vor, die ich auch dem Leser empfehle: SCHAFFT DIE LINKE HÜFTE SCHON VOR BEGINN DES SCHLAGES AUS DEM WEGE! Das geschieht dadurch, daß man, wie die Zeichnung zeigt, den rechten Fuß beim Adressieren etwas näher an den Ball heranzieht. Dadurch wird die linke Hüfte eine Kleinigkeit nach links gedreht. Wenn man aus diesem Stand eines der Eisen vom Sechser abwärts spielt, hat man das Gefühl, einen vollen Schwung zu machen; in Wirklichkeit ist die Länge des Schwunges beschnitten worden. Das kostet etwas Entfernung (denn der Schläger kann auf der kürzeren Strecke nicht so stark beschleunigt werden), aber das wird mehr als wettgemacht durch bessere Richtung. Und beim Spiel der kurzen Eisen ist natürlich Genauigkeit entscheidend.

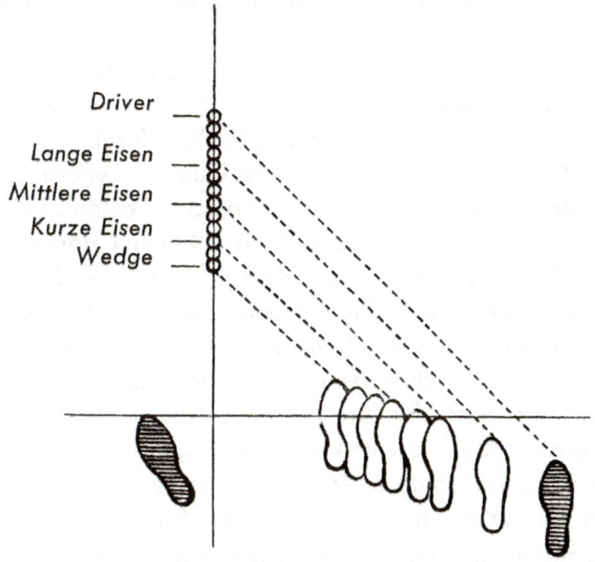

Der golfende Leser, der den Fleiß aufgebracht hat, dem Studium jeder Lektion mindestens eine Woche zu widmen, ist nun auf dem Wege zu einem richtigen, wiederholbaren Schwung. Er darf indes nicht erwarten, in einem Monat alle diese Bewegungen voll zu beherrschen. Ständige Arbeit auf der Runde wie auf der Übungswiese ist auch weiterhin erforderlich. Je selbstverständlicher die Bewegungen werden, desto leichter und besser führt er sie aus. Innerhalb von sechs Monaten – in der Tat nicht länger! – sollte der Durchschnittsgolfer, der fleißig gewesen ist, Runden um oder gar unter 80 spielen. Und wichtiger noch: er wird sich, größte aller Golffreuden, ständig weiter verbessern.

Wer die Lehre der grundlegenden Bewegungen beherzigt und entsprechend übt, wird schon am Ende der ersten Spielzeit merken, daß ihm diese Bewegungen in Fleisch und Blut übergegangen sind. Je mehr er sich dann auf sein Muskelgedächtnis verlassen kann, desto mehr wird er sich anderen Fragen widmen: die richtige Strategie für ein Loch zu finden; das Risiko zweier möglicher Schläge zur Fahne abzuwägen; sein Spiel dem Gelände und der Witterung anzupassen; kurz gesagt, den Fehdehandschuh aufzuheben, den jedes gute Loch tagtäglich dem hinwirft, der Golf versteht und richtig spielt.

Für mich ist Golf stets das schönste aller Spiele gewesen, weil ich finde, daß es am stärksten fesselt, am meisten verlangt und am höchsten belohnt. Ich bin zeitlebens glücklich darüber gewesen, zu einem Sport mit einem so wundervollen Geist zu gehören, zu einem Spiel, das so hervorragende Meister und echte Persönlichkeiten hervorgebracht hat wie Harry Vardon, Francis Ouimet, Bob Jones, Walter Hagen, Gene Sarazen, Tommy Armour, Sam Snead, Byron Nelson und Jimmy Demaret – um nur einige der ganz Großen zu nennen. Wohin immer ich gereist bin, stets habe ich gefunden, daß Golf eine Weltsprache ist. Ich habe jede Minute meines Golflebens genossen, und besonders dankbar bin ich für die vielen guten Freunde gewesen, die mir Golf geschenkt hat. Beim Spielen und beim Üben – immer bin ich glücklich gewesen. Ob morgen eine Meisterschaft ansteht, oder ob es nur gilt, ein paar Stunden Schläge zu üben, ich bin zufrieden, wenn ich einen neuen Golftag vor mir weiß.
Warum geht nur die Sonne so langsam auf? Ich möchte doch auf den Platz hinaus!